「食品」の安全と信頼をめざして

改訂版 食品表示検定

初級・問題集

一般社団法人 食品表示検定協会 編著

ダイヤモンド社

はじめに

食品表示ルールの正しい理解をより効果的に深めるために

食品表示は、食品に関連する有用な情報を、食品に付随して消費者に伝達することができる便利で重要な機能を有しています。しかし、これらの情報の内容が正確に消費者に理解されてはじめて、提供者〜消費者間の信頼につながることも事実です。そのためには、食品事業者、消費者双方が食品表示のルールを正しく理解することが大切です。

弊協会が実施している食品表示検定は、食品表示基準等に基づく表示ルールの理解度を客観的に評価するもので、これまで消費者、食品関連事業者、大学・専門学校の学生など幅広い分野の方々に活用され、多くの受験生を受け入れてきました。また、試験に合格された方は、検定資格を有することで社会的な信頼を得、その知見を日常の食品表示関連業務の円滑な遂行などに役立てておられます。

食品表示検定に合格するための学習の手引きとして、弊協会が発行している『食品表示検定認定テキスト』（「初級」及び「中級」）は好評を得ており、検定試験の受験者のみならず、食品表示に関する参考書として多くの方々に活用されてきました。

一方で、食品表示検定を受験しようと考えておられる方から、テキストに加え、知識・実力を評価するため『問題集』の出版に対する要望もいただいておりました。

こうした期待に応えるべく、2018年にはじめて『初級問題集』を出版したところですが、その後の食品表示法、食品表示基準等の改正の内容も取り入れ、今回4年半ぶりに改訂版を出版することになりました。本問題集は、正答の理由・解説も記載されていることから、参考書的な活用も可能となっています。

本問題集を、『食品表示検定認定テキスト・初級』とともに活用されることで、食品表示に対する学習がより効果的・効率的になされ、多くの方々が食品表示検定に合格されますことを大いに期待している次第です。

2023年3月

一般社団法人 食品表示検定協会

理事長　湯川剛一郎

この本の使い方

○ 本書は、一般社団法人 食品表示検定協会が主催する「食品表示検定試験・初級」向けの副教材として作成されたものです。まずは、『食品表示検定認定テキスト・初級』で食品表示の全体を学習し、併せてこの問題集を利用することで、合格を目指してください。

○ 問題形式に慣れるための「練習問題」、実際の試験と同じように75問を90分間で解くことを想定した「模擬問題」の2部構成になっています。

〈練習問題〉のページ

『認定テキスト・初級』の章に合わせて区分しています

練習問題の通し番号です

1　食品表示は消費者と事業者をつなぐ架け橋

問**1**　食品の表示に関する次の①〜④の記述の中で、その内容が最も不適切なものを1つ選びなさい。

① 食品の表示は、消費者にとって、その食品を購入する際になくてはならない情報の宝庫である。
② 食品の表示は、消費者に商品の持つ情報を伝えるためのものであり、安全性を伝えるものではない。
③ 食品の表示は、問題が起こった際に原因究明や製品回収の対策を迅速、かつ的確に行うための手掛かりとなる。
④ 食品の表示は、表示しなければならない事項が法令により定められており、これに違反した食品関連事業者は行政処分や罰則を受けることになる。

　食品の表示に関する次の①〜④の記述の中で、その内容が最も不適切なものを1つ選びなさい。

① 食品表示法は、食品衛生法とJAS法と健康増進法の3つの法律のうち、食品表示に関する分野を一元化した法律であ

○掲載した問題は、過去に出題された問題そのものではなく、学習用に一部改変しています。

○2022年10月1日時点で施行されている法令に基づいた出題となっています。

○本書について修正情報がある場合は、協会ホームページに掲載いたします。

〈練習問題の正答と解説〉のページ

練習問題の通し番号です

学習状況の確認にご利用ください

1 正答 ②　　　　　　　　　　チェック欄 □□□

食品の表示には、消費者に商品の持つ情報を正確に伝え、また、その商品の安全性を伝える役割があります。アレルゲン、保存方法、消費・賞味期限などの表示は食品の安全性を伝える表示事項です。そして万が一商品に問題が起こった際には原因究明や製品回収の対策を迅速、かつ的確に行うための手掛かりとなります。

認定テキスト1-1

2 正答 ③　　　　　　　　　　チェック欄 □□□

食品表示法に違反した場合、表示の責任者である食品関連事業者は厳しい行政処分や罰則を受けることになります。事業者名の公表のほかにも、違反の内容によって、罰金や懲役刑がそれぞれ定められています。

認定テキスト1-1

3 正答

食品の表示は、

ると同時に、問題が起こった際の原因究明や製品回収の手掛かりとなります。

認定テキスト1-1

『認定テキスト・初級』の参照先を示しています

食品表示検定について

後援：一般社団法人 日本農林規格協会（JAS 協会）
：日本チェーンストア協会

食品表示は消費者と事業者との信頼の架け橋です

　食品表示は、消費者にとってその商品の品質を判断し購入する上で、貴重な情報源となっています。また、食品に関わる事業者は常に、安全・安心な食品を提供することが求められており、正しい食品情報を消費者に伝える上で、食品表示は重要な役割を果たしています。

　生産者、食品メーカー、小売業者、消費者まで含めた、幅広い分野の皆さんに、食品表示の知識を習得する機会として「食品表示検定」を活用していただきたいと考えています。

【各級の概要】

　初級と中級は、どちらからでも受験していただけます。なお、上級は中級合格者の方が対象です。

初級
〈対象者〉
・食品表示を理解し、商品を選択したい消費者の方
・商品の生産、製造、流通に携わり、食品表示の基本を知りたい方（学生、販売員、販売パートの方など）
〈メリット〉
・食品表示の基礎知識を得ることができ、安心・安全な食品を選択する目を養える。
・販売などの実際の業務の場で知識を役立てることができる。

中級
〈対象者〉
・食品表示の知識が必要とされる、生産、製造、流通の現場の方（品質管理部門員、販売部門員の方など）
〈メリット〉
・食品表示に関するお客様からの質問に的確に答えられるようになる。
・食品表示に関する専門的な知識を得て、業務に活かすことができる。

上級
〈対象者〉
・中級合格者の方が対象です。
・食品表示を食品の生産、製造、流通において責任を持って業務を行う方（品質管理部門責任者、販売部門責任者の方など）
〈メリット〉
・食品表示に責任を持ち業務を実施することができる。
・食品表示の不備等があった場合、的確な対応をすることができる。
・社内資格制度、昇格制度の要件の１つとすることができる。

食品表示検定・初級のご案内

試験概要

実施時期	年2回、6月と11月を目処に実施しています。
受験資格	年齢・資格などは問いません。 食品表示を理解し、商品を選択したい消費者の方や、食品の生産・製造・加工・流通に携わる食品表示の初心者の方を中心に幅広く受験いただけます。
試験内容	認定テキストからの基礎知識と、それを理解した上での応用力を問います。
出題形式	CBT方式（コンピューターを利用した試験）による3択又は4択の選択問題です。
試験時間	90分
合格基準	70点以上が合格です（100点満点）。
試験場所	全国300か所以上のテストセンターの中から会場を選んで受験できます。

※受験料、試験日時、試験場所、申込み期間、申込み方法等の詳細は、（一社）食品表示検定協会のホームページでご確認ください。

お問い合わせ先

主　　催	一般社団法人 食品表示検定協会
住所・連絡先	〒103-0004　東京都中央区東日本橋3丁目12-2　清和ビル5階 各種お問い合わせは、ホームページ内「お問い合わせ」よりお願いします。 https://www.shokuhyoji.jp/contact/
最新情報	検定試験の最新情報は、食品表示検定協会ホームページでご確認ください。 https://www.shokuhyoji.jp

上記の記載内容は、2022年10月1日時点のものです。予告なしで変更する場合があります。

目 次

食品表示検定試験〈初級〉

練習問題

1 食品表示は消費者と事業者をつなぐ架け橋

問 1

食品の表示に関する次の①〜④の記述の中で、その内容が<u>最も</u>
<u>不適切なもの</u>を1つ選びなさい。

① 食品の表示は、消費者にとって、その食品を購入する際に
なくてはならない情報の宝庫である。
② 食品の表示は、消費者に商品の持つ情報を伝えるためのも
のであり、安全性を伝えるものではない。
③ 食品の表示は、問題が起こった際に原因究明や製品回収の
対策を迅速、かつ的確に行うための手掛かりとなる。
④ 食品の表示は、表示しなければならない事項が法令により
定められており、これに違反した食品関連事業者は行政処
分や罰則を受けることになる。

問 2

食品の表示に関する次の①〜④の記述の中で、その内容が<u>最も</u>
<u>不適切なもの</u>を1つ選びなさい。

① 食品表示法は、食品衛生法とJAS法と健康増進法の3つの
法律のうち、食品表示に関する分野を一元化した法律であ
る。
② 食品衛生法では、一部の食品の保存方法を定めている。
③ 食品の表示について違反をした場合、事業者名は公表され
るが、罰則を受けることはない。
④ 食品の表示は、生産者、製造者、輸入者だけでなく、卸売
業者にも義務付けられている。

問 3 食品の表示に関する次の①〜④の記述の中で、その内容が最も<u>不適切なもの</u>を1つ選びなさい。

① アレルゲンの誤表示や欠落があった製品について、自主回収を行う場合、行政機関への届出が義務付けられている。

② 食品表示は、問題が起こった際の原因究明や製品回収等の手掛かりにはならない。

③ 食品表示は、消費者に商品の情報や安全性を伝えるといった点で、食品関連事業者にとっても重要な役割を果たしている。

④ 食品表示法に基づいて、食品表示基準が制定された。

問 4 加工食品の表示に関する次の①〜④の記述の中で、その内容が最も不適切なものを1つ選びなさい。

① アイスクリームや砂糖等は、品質の変化が極めて少ないため、期限表示の省略が認められている。

② 添加物は、食品全体に占める重量の割合が低いので、特定原材料に由来する場合であってもアレルギー表示の義務はない。

③ 特定商品以外で容器包装を開かずに内容量を外見上容易に識別できるものにあっては、内容量の表示を省略することができる。

④ 栄養成分表示において、表示が義務付けられた5項目は、含有量が0であっても表示項目を省略することはできない。

1

食品表示は消費者と事業者をつなぐ架け橋

5 食品表示から得られる情報に関する次の①〜④の記述の中で、その内容が<u>最も不適切なもの</u>を1つ選びなさい。

① 常温で販売している焼肉弁当の表示を見れば、その「消費期限」がわかる。

② 輸入されたブルーベリージャムの表示を見れば、その「原産国」がわかる。

③ なたね油の表示を見れば、使用されたなたねが「遺伝子組換えのものかどうか」がわかる。

④ 国産のアジ一夜干しの表示を見れば、アジの「原料原産地」がわかる。

6 食品表示から得られる情報に関する次の①〜④の記述の中で、その内容が<u>最も不適切なもの</u>を1つ選びなさい。

① レトルトパウチ食品の表示を見れば、その「消費期限」がわかる。

② 国内で製造されたたくあん漬の表示を見れば、使用された大根の「原料原産地」がわかる。

③ 牛乳の表示を見れば、「殺菌温度と時間」がわかる。

④ カップめんの表示を見れば、「含まれる特定原材料」がわかる。

7 食品表示から得られる情報に関する次の①〜④の記述の中で、その内容が<u>最も不適切なもの</u>を1つ選びなさい。

① 食塩の表示を見れば、その「内容量」がわかる。

② 包装もちの表示を見れば、「原材料として使われたもち米の

産地」がわかる。

③ 機能性表示食品の表示を見れば、「どの病気に対して治療効果があるか」がわかる。

④ ヨーグルトの表示を見れば、その「保存方法」がわかる。

問8 食品の表示に関連する各法律に関する次の①～④の記述の中で、その内容が最も**不適切なもの**を1つ選びなさい。

① 食品衛生法では、優良誤認や有利誤認といった不当表示を禁止している。

② 食品表示法では、添加物や酒類を含むすべての飲食物が対象となるが、医薬品や医薬部外品は対象外である。

③ 米トレーサビリティ法では、米穀だけでなく一部の米加工品についても産地情報の伝達を義務付けている。

④ 計量法は、特定商品の内容量の適正な表示について定めている。

問9 食品の表示に関連する各法律に関する次の①～④の記述の中で、その内容が最も**不適切なもの**を1つ選びなさい。

① 景品表示法では、虚偽・誇大な表示を禁止している。

② 酒類業組合法は、酒類の表示の適正化を図っている。

③ 食品表示法の対象となるのは、酒類を除いたすべての飲食料品である。

④ 公正競争規約は、景品表示法に基づいて業界団体が制定している。

食品の表示に関連する法律名とその表示対象について、**最も不適切なもの**を次の①～④から１つ選びなさい。

① 牛トレーサビリティ法の表示対象は、国内で生まれ飼養されたすべての牛から得られた肉であって、生体のままで日本に輸入され飼養された牛から得られた肉は対象外である。
② 酒類業組合法で定める表示の対象は、酒税法で定義されるアルコール分１度以上の飲料である。
③ 一般消費者向けに販売される飲食料品の表示だけでなく、その広告活動も景品表示法の対象である。
④ 容器包装に入れられ密封された特定商品は、計量法の対象である。

食品表示法における「食品」に**該当しないもの**を次の①～④から１つ選びなさい。

① 水・氷　　② 酒類　　③ 医薬品　　④ 添加物

景品表示法に関する次の①～④の記述の中で、その内容が**最も不適切なもの**を１つ選びなさい。

① 景品表示法の目的は、虚偽・誇大な表示の禁止により、一般消費者の利益を保護することである。
② 景品表示法の対象として、一般消費者向けに販売される飲食料品の表示及びその広告活動がある。
③ 景品表示法では、店頭販売における不当表示のみが規制の対象で、インターネット販売における不当表示は規制対象外である。

④ 商品の内容について、実際のものよりも著しく優良である
と一般消費者に示す表示を「優良誤認」という。

問 13 「小学校のバザーで袋詰めのクッキーを販売する保護者」が商品に表示すべき内容の範囲に該当するものを次の①～④から1つ選びなさい。

① 一般消費者向けの食品を扱う食品関連事業者としての表示
② 業務用食品を扱う食品関連事業者としての表示
③ 食品関連事業者以外の販売者としての表示
④ 食品表示基準の「販売者」には該当しないため、表示の義務はない

問 14 食品表示基準における用語の定義に関する次の①～④の記述の中で、その内容が最も不適切なものを1つ選びなさい。

① 加工とは、あるものを材料としてその本質は保持させつつ、新しい属性を付加することである。
② 調整とは、加工した上で、さらに一定の作為を加えることである。
③ 製造とは、原材料として使用したものとは本質的に異なる新しいものを作り出すことである。
④ 選別とは、一定の基準によって仕分け、分類することである。

食品表示基準に基づく<u>生鮮食品に該当しないもの</u>を、次の①～
④の中から1つ選びなさい。

① 牛ロース、牛カルビ、牛塩タンの盛り合わせ
② クロマグロの赤身と中トロの盛り合わせ
③ キャベツの千切り
④ パック詰めされた殻付き鶏卵

食品表示基準に基づく<u>加工食品に該当しないもの</u>を、次の①～
④の中から1つ選びなさい。

① 精米
② 合挽肉
③ 複数魚種の刺身を盛り合わせたもの
④ 牛乳

食品表示基準における加工食品と生鮮食品に関する次の①～④
の記述の中で、その内容が<u>最も不適切なもの</u>を1つ選びなさい。

① 秋田県産のあきたこまちと新潟県産のコシヒカリをブレン
ドした複数原料米は、生鮮食品である。
② 長野県産のりんごと静岡県産のメロンと山梨県産のももを
切断せずに箱に詰め合わせたものは、加工食品である。
③ 千葉県産のカットキャベツと埼玉県産のカットレタスを合
わせたサラダミックスは、加工食品である。
④ 兵庫県産の牛肉と宮城県産の牛肉を使用した挽肉は、生鮮
食品である。

問 18 「農産物」に関する次の①〜④の記述の中で、その内容が最も不適切なものを1つ選びなさい。

① 半分にカットされたキャベツは生鮮食品である。
② 角切りにカットされたメロンは加工食品である。
③ カットされていないりんごとみかんの詰め合わせは生鮮食品である。
④ 角切りにカットされたスイカとカットされたパイナップルの盛り合わせは加工食品である。

 問 19 加工食品の表示に関する次の①〜④の記述の中で、その内容が最も不適切なものを1つ選びなさい。

① 安全性に関連した義務表示事項の中には、「アレルゲン」「期限表示」「保存の方法」がある。
② 袋の口を輪ゴムやホチキスでとめただけのものは、「容器包装されている」とはみなされない。
③ 「業務用加工食品」とは、加工食品のうち、消費者に販売される形態となっているもの以外のものをいう。
④ 加工食品を外食等その場で飲食させる場合、アレルゲンの表示は義務付けられていない。

問20 一般消費者に販売する際の食品表示の適用範囲に関する次の①～④の記述の中で、その内容が<u>最も不適切なもの</u>を1つ選びなさい。

① 生産場所以外の場所で販売する生鮮食品には原産地表示が必要である。

② 外食等その場で飲食させる場合の加工食品には表示は不要である。

③ 製造場所以外で販売される、容器包装されていない加工食品（量り売り等含む）には、原則として表示は不要である。

④ 製造場所で直接販売される、容器包装された加工食品には表示は不要である。

問21 業者間取引における表示に関する次の①～④の記述の中で、その内容が<u>最も不適切なもの</u>を1つ選びなさい。

① 業務用加工食品は、アレルゲンの表示が義務付けられている。

② 業務用として容器包装された加工食品を消費者にそのまま販売する場合は、一般用加工食品としての表示が必要となる。

③ 業務用添加物については、すべての表示が任意表示となっている。

④ 業務用食品には、送り状、納品書、規格書へ記載することを認められている表示事項がある。

問22 食品のトレーサビリティに関する次の①〜④の記述の中で、その内容が最も不適切なものを1つ選びなさい。

① トレーサビリティ（traceability）とは、「trace（追跡）」と「ability（可能性、能力）」の2つの単語を組み合わせた言葉である。

② 食品のトレーサビリティについて、日本で法的に確立しているのは「牛肉」と「米及び米加工品」のみである。

③ トレーサビリティとは、製造者が原料や製品の保管場所や管理担当者等を詳しく記録することである。

④ トレーサビリティが確立していれば、食品の流通経路の透明性が確保され、表示の正しさを検証できる。

問23 牛肉のトレーサビリティに関する次の①〜④の記述の中で、その内容が最も不適切なものを1つ選びなさい。

① 牛トレーサビリティ法は、2001年（平成13年）の国内におけるBSE（牛海綿状脳症）発生を契機として制定された。

② 個体識別番号の表示は、容器包装されて販売されるものが対象なので、量り売りや外食店では表示の必要はない。

③ 国内で飼養された牛の肉でも、レバー等の内臓肉や挽肉については個体識別番号の表示の必要はない。

④ 個体識別番号には牛の雌雄の別、種別等の生産履歴情報が記録されており、インターネットで確認することができる。

米のトレーサビリティに関する次の①～④の記述の中で、その内容が最も<u>不適切なもの</u>を1つ選びなさい。

① 米トレーサビリティ法では、消費者に米の産地情報を伝達することを義務付けている。

② 生産から小売販売や外食産業における食事の提供までの各段階を通じ、取引の記録を作成、保存、伝達しなければならない。

③ 外食店における米の産地情報は、国産米であれば「国産」と表示することが認められている。

④ 外食産業では、メニューや立て札に米の産地情報を表示することが定められており、「店員にお尋ねください」と表示することは認められていない。

2　生鮮食品の表示

次の問 25 ～ 41 の文章の【　　　　】の部分にあてはまる<u>最も適切な語句</u>をそれぞれ①～③の中から 1 つ選びなさい。

問25　「生鮮食品」は、「加工食品及び【　　　　】以外の食品」と定義されている。

　① 添加物　　　　　② 業務用食品　　　③ 原材料

問26　野菜・果実・米穀といった農産物、食肉・鶏卵といった畜産物、魚類・貝類といった水産物のような食生活に身近な【　　　　】は「生鮮食品」に該当する。

　① 基本産品　　　　② 一次産品　　　　③ 初期産品

問27　生産場所以外で販売される生鮮食品には「名称」と「【　　　　】」を表示することが義務付けられている。

　① アレルゲン　　　② 賞味期限　　　　③ 原産地

問28 生鮮食品の名称は、【　　　】で表示することはできない。

① 越前がにといったブランド名
② キングサーモンといった標準和名ではない一般的名称
③ トキサケといった季節名

問29 輸入した生鮮食品の原産地表示において、【　　　】は国名でなく一般に知られている地名で表記してもよい。

① 農産物　　　　② 畜産物　　　　③ 水産物

問30 ばれいしょの発芽を防止する目的で、【　　　】することは認められているが、必ずその旨を表示しなければならない。

① 紫外線を遮断　　② 放射線を照射　　③ 発芽防止剤を散布

問31 生しいたけには、栽培方法として「原木栽培」と「【　　　】」のいずれかを表示する。

① 人工栽培　　　② 培地栽培　　　③ 菌床栽培

問32 E型肝炎、サルモネラ属菌及びカンピロバクター・ジェジュニ等の食中毒のリスクがあることから、【　　　】の生食は2015年（平成27年）6月12日よりすべて禁止された。

① 豚肉　　　　② 牛肉　　　　③ 鶏肉

問 33 容器包装されたバナナやオレンジといった輸入果物に、かびを防ぐ目的でイマザリルを使用した場合、【　　　】と表示する。

① イマザリル　　　② 防カビ剤　　　③ 防かび剤（イマザリル）

問 34 輸入した精米で、精米した年月日が明らかでない場合は、【　　　】を表示する。

① 産年　　　　　　② 輸入時期　　　　③ 賞味期限

問 35 産地、品種及び産年が同一であり、かつ、その根拠を示す資料を保管している原料玄米については、【　　　】と表示する。

① 単一原料米　　　② 複数原料米　　　③ 新米

問 36 生鮮食品の原産地は【　　　】と表示することはできない。

① アメリカ産　　　② US産　　　　　③ 米国産

問 37 食肉の名称を「食肉の表示に関する公正競争規約」に基づいて表示する場合、食肉の種類と【　　　】を組み合わせて表示する。

① 部位　　　　　　② 切り方　　　　　③ 品種

問 38

素びなの血統や飼育期間、飼育方法、飼育密度について JAS に準じて生産された鶏の肉には【　　　　】と表示することができる。

① 地鶏　　　　② 銘柄鶏　　　　③ ブロイラー

問 39

生食用としてパック詰めにした鶏卵は、使用方法として、「生食用である旨」と、「賞味期限を経過した後は【　　　　】旨」を表示する。

① 子ども、高齢者、抵抗力の弱い人は生食を控える
② 食さずに廃棄する
③ 十分に加熱調理する必要がある

問 40

魚介類の名称は、「魚介類の名称の【　　　　】」に定められており、これに従い表示する。

① 手引き　　　　② ガイドライン　　　　③ マニュアル

問 41

マグロをパック詰めして刺身として販売する場合は、「名称」「原産地」「養殖したものである場合はその旨」と「解凍したものである場合はその旨」の表示に加え、「消費期限」「保存方法」「【　　　　】」「加工者の名称と所在地」を表示する。

① 加工年月日
② 生食用である旨
③ 魚介類の生食は一般的に食中毒のリスクがある旨

問42　「生鮮食品の表示」に関する次の①〜④の記述の中で、その内容が最も**不適切なもの**を1つ選びなさい。

① 国産の畜産物の原産地は「国産」と表示できるが、国産の農産物の原産地は「都道府県名」を表示する。

② バラ売り、量り売りの容器包装されない生鮮食品は、必要な情報を近接した掲示物その他見やすい場所に表示する。

③ 同種の生鮮食品で、複数の原産地のものを混合した場合、一番割合の高い原産地1つを表示する。

④ 産地の異なる複数の種類の果物をかごに盛り合わせた場合は、該当する果物の名称にそれぞれの原産地を併記する。

問43　「生鮮食品（農産物）」に関する次の①〜④の記述の中で、その内容が最も**不適切なもの**を1つ選びなさい。

① アメリカ・カリフォルニア州で生産されたグレープフルーツの原産地として、「カリフォルニア州」と表示することができる。

② キャベツを半分にカットしたものには、生鮮食品として必要な表示を行う。

③ 生しいたけには、「名称」と「原産地」のほかに、「栽培方法」を表示する。

④ 精米の表示において、産地と品種が同じであれば産年が違っても「単一原料米」と表示することができる。

袋詰めされた玄米・精米に関する次の①〜④の記述の中で、その内容が最も<u>不適切なもの</u>を1つ選びなさい。

① 名称は、「玄米」「もち精米」「うるち精米（又は精米）」「胚芽精米」の中から該当するものを表示する。

② 精米を混合した場合、精白した最も古い時期を精米時期として表示する。

③ 国産の単一原料米の産地は、一般に知られている地名を表示することができる。

④ 精米に「新米」と表示できるのは、原料玄米が生産された翌年の3月31日までに精白され、容器包装に入れられたものである。

「精肉売り場の表示」に関する次の①〜④の記述の中で、その内容が最も<u>不適切なもの</u>を1つ選びなさい。

① 味付け肉や複数の畜種の肉を盛り合わせた焼肉セットは加工食品に該当するため、原料原産地を表示する。

② 鶏肉を冷凍して販売する場合は、「凍結品」と表示する。

③ 日本での飼養期間が最も長い場合でも、外国で生まれた家畜から得られた肉には、生まれた国を原産地として表示する。

④ バークシャー純粋種であれば、輸入品でも「黒豚」と表示することができるが、シール等の任意表示においても、必ず原産地を併記しなければならない。

問 46 殻付き鶏卵に関する次の①〜④の記述の中で、その内容が最も不適切なものを1つ選びなさい。

① 原産地は、国産の場合養鶏場がある都道府県名、市町村名、その他一般に知られている地名で表示することができる。

② 選別包装者の欄に必要な表示として、選別包装を行った者の氏名又は名称と電話番号がある。

③ 餌に栄養分を添加することで、ヨウ素、DHA、α－リノレン酸等が強化された卵を栄養強化卵という。

④ 生食用のものに表示されている「賞味期限」は、「保存方法」の表示通りに保存すれば生で食べられる期限である。

問 47 「生鮮食品（水産物）」に関する次の①〜④の記述の中で、その内容が最も不適切なものを1つ選びなさい。

① 魚介類の名称は「魚介類の名称のガイドライン」に定められており、これに従って表示する。

② サケは、「アキサケ」「トキサケ」「トキシラズ」といった、一般に理解されている季節名で表示することができる。

③ 国産品、輸入品ともに、原産地を水域名のみで表示してもよい。

④ 養殖については「養殖」、冷凍し解凍したものについては「解凍」とそれぞれ表示する。

問 48 「有機食品」に関する次の①〜④の記述の中で、その内容が最も不適切なものを1つ選びなさい。

① 有機JASに基づき生産した畜産物に「有機○○」や「○○（オーガニック）」と表示する場合、有機JASマークを付す必要がある。

② 有機農産物のJASでは、「化学合成農薬、化学肥料の使用を中止してから1年以上経過した土地で栽培する」という基準がある。

③ 植物プランクトンを含む藻類について、有機藻類のJASが制定された。

④ 有機加工食品と表示するには、水と塩を除いた原材料と添加物の重量のうち95％以上が有機原材料であることが必要である。

問 49 「有機農産物と特別栽培農産物」に関する次の①～④の記述の中で、その内容が<u>最も不適切なもの</u>を1つ選びなさい。

① 「特別栽培農産物に係る表示ガイドライン」に基づいてそれぞれの地域で一般的に使用されている節減対象農薬の使用回数、化学肥料の使用量を50％以下にして栽培した農産物のことを特別栽培農産物という。

② 有機農産物の表示を行うには登録認証機関による認証が必要だが、特別栽培農産物の場合は生産者の自己申告である。

③ 有機農産物、特別栽培農産物ともに、農薬を使用していなくても、「無農薬」といった表示はできないが、「減農薬」という表示は可能である。

④ 特別栽培農産物において、節減対象農薬の使用状況は、容器、包装への表示が難しければ、当該内容を確認できるホームページのアドレスを記載することも可能である。

次の問 50 ～ 59 の表示例において、その内容が最も不適切な表示をそれぞれ①～③の中から選びなさい。なお、売り場においてその他の表示はないものとする。

問 50 スーパーの農産物売り場での表示（無包装の場合）

① 白菜
（1/2カット）
栃木県産

② にんにく
中国産

③ しいたけ
大分県

問 51 スーパーの農産物売り場での表示（包装品の場合）

① 干し柿
奈良県産

② オレンジ
アメリカ産
防かび剤（OPP）
を使用しています

③ 松茸
山東省

問 52 スーパーの農産物売り場での表示（無包装の場合）

① りんご
青森市産

② ぶどう
甲州産

③ みかん
国産

問 53 精肉店での表示（無包装の場合）

① 焼肉用　カルビ肉
アメリカ産
100ｇ当たり○○円

② ラム　肩ロース
豪州産
100ｇ当たり○○円

③ 牛ひき肉
十勝産
100ｇ当たり○○円

問 54 精肉店での表示（無包装の場合）

① 牛タン　ブロック
国産
100ｇ当たり○○円

② 豪州産　牛ヒレ肉
100ｇ当たり○○円

③ 牛モモ肉
国産
100ｇ当たり○○円

問 55 精肉店での表示（無包装の場合）

① 牛バラ肉
ニュージャージー州
100ｇ当たり○○円

② 鶏むね肉
徳島県
100ｇ当たり○○円

③ 黒豚コマ切れ
九州産
100ｇ当たり○○円

問 56 精肉店での表示（無包装の場合）

① 黒毛和牛　ロース
フランス産
100ｇ当たり○○円

② 黒豚　ばら肉
アメリカ産
100ｇ当たり○○円

③ 若鶏　ムネ
大館産
100ｇ当たり○○円

問 57　鮮魚店での表示（無包装の場合）

① ブリ（養殖）
近海

② ズワイガニ
ロシア産（オホーツク海）
（解凍）

③ カツオ
清水港　静岡県沖

問 58　鮮魚店での表示（無包装の場合）

① キングサーモン
ノルウェー産

② 越前がに
福井県沖

③ ブラックタイガー
（養殖・解凍）
インドネシア産

問 59　鮮魚店での表示（無包装の場合）

① サンマ
国産

② マダイ（養殖）
愛媛県産

③ ニシン（解凍）
北海道沖太平洋

次の表示例の中で、その内容が<u>最も不適切な表示部分</u>を①～③
の中から1つ選びなさい。

《前提条件》

「とうきび」がとうもろこしの名称として一般に理解される地
域で、北海道産のとうもろこし2本を袋詰めにしたもの

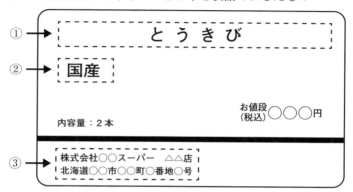

問61

次の表示例の中で、その内容が<u>最も不適切な表示部分</u>を①～③
の中から1つ選びなさい。

《前提条件》

登録認証機関の認証を受けた生産者が、有機農産物のJASで
定められた基準に基づき栽培した群馬県産のなすを包装し有機
農産物として販売するもの

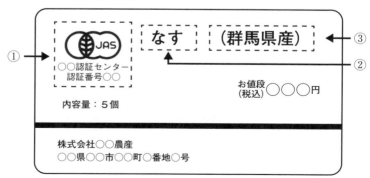

問 62

次の表示例の中で、その内容が最も不適切な表示部分を①〜③の中から1つ選びなさい。

《前提条件》

南アフリカから輸入した際に、防かび剤としてチアベンダゾールを使用したグレープフルーツをカットして容器包装したもの

問 63

次の表示例の中で、その内容が最も不適切な表示部分を①〜③の中から1つ選びなさい。

《前提条件》

パイナップル（フィリピン産）、マンゴー（メキシコ産）、みかん（愛媛産）を各1個ずつかごに詰め合わせたもの

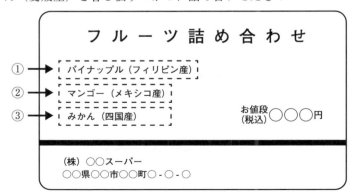

問 64 次の表示例の中で、その内容が最も不適切な表示部分を①～③の中から1つ選びなさい。

《前提条件》

アメリカ・カリフォルニア州産の精米を輸入し5kgの袋詰めにしたもの

名称	精米		
	産地	品種	産年
① → 原料玄米	単一原料米 カリフォルニア州	○○ニシキ	○○年産
② → 内容量	5kg		
③ → 輸入時期	○年○月上旬		
販売者	有限会社○○ライス ○○県○○市○○町○ - ○ - ○ TEL　○○○ - ○○○ - ○○○○		

問 65 次の表示例の中で、その内容が最も不適切な表示部分を①～③の中から1つ選びなさい。

《前提条件》

オーストラリアから輸入した牛肉を容器包装したもの

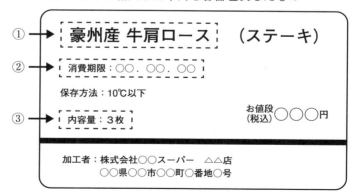

問 66 次の表示例の中で、その内容が<u>最も不適切な表示部分</u>を①〜③の中から1つ選びなさい。

《前提条件》

冷凍した鶏肉を容器包装し販売するものについて、公正競争規約に基づいた表示を行ったもの

問 67 次の表示例の中で、その内容が<u>最も不適切な表示部分</u>を①〜③の中から1つ選びなさい。

《前提条件》

香川県で養殖したハマチを生食用として容器包装したもの

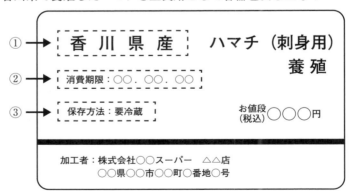

問68 次の表示例の中で、その内容が最も不適切な表示部分を①〜③の中から1つ選びなさい。

《前提条件》

切り身にしたメバチマグロを1人前の刺身用として容器包装したもの

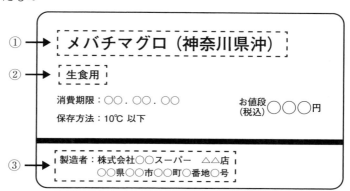

① → メバチマグロ（神奈川県沖）

② → 生食用

消費期限：○○ . ○○ . ○○

保存方法：10℃ 以下

お値段（税込）○○○円

③ → 製造者：株式会社○○スーパー　△△店
　　　　　　○○県○○市○○町○番地○号

問69 次の表示例の中で、その内容が最も不適切な表示部分を①〜③の中から1つ選びなさい。

《前提条件》

インドから冷凍して輸入し、解凍したイワシを容器包装したもの

① → イワシ（冷凍）　インド産

消費期限：○○ . ○○ . ○○

② → 保存方法：10℃ 以下

お値段（税込）○○○円

③ → 加工者：株式会社○○スーパー　△△店
　　　　　　○○県○○市○○町○番地○号

次の問 70 の 【　　　】 の部分にあてはまる<u>最も適切な組み合わせ</u>を①～③の中から選びなさい。

複合原材料の原材料を表示する際、その重量の割合が上位 【　ア　】以下で、かつ複合原材料に占める割合が 【　イ　】未満であるものは、まとめて「その他」と表示できる。

① ア……3位　　イ……5％
② ア……3位　　イ……10％
③ ア……5位　　イ……5％

次の問 71 ～ 92 の文章の 【　　　】 の部分にあてはまる<u>最も適切な語句</u>をそれぞれ①～③の中から 1 つ選びなさい。

表示可能面積がおおむね 【　　　】 以下の小さな容器の場合、表示を省略できる事項がある。

① 30cm^2　　　② 50cm^2　　　③ 100cm^2

加工食品の原材料として仕入れたしょうゆやマヨネーズなど、2 種類以上の原材料からなる原材料のことを 【　　　】 という。

① 2 次原材料　　② 複合原材料　　③ 複数原材料

問 73

アレルゲンの分類として、必ず表示しなければならない品目を「特定原材料」といい、表示が推奨されている品目を「【　　　】」という。

① 特定推奨原材料
② 副特定原材料
③ 特定原材料に準ずるもの

問 74

原材料名欄の最後に原材料に含まれるアレルゲンをまとめて表示する際は（【　　　】）のように表示する。

① 原材料の一部に小麦、乳を含む
② 一部に小麦、乳を含む
③ 一部に小麦・乳成分を含む

問 75

遺伝子組換え農産物と非遺伝子組換え農産物が「生産」「流通」及び「加工」の各段階で分別管理され、そのことが書類により証明されていることを、「【　　　】（IPハンドリング）」という。

① 分別生産流通管理
② 区分管理
③ 遺伝子組換え分別管理

問76

遺伝子組換え食品の表示が必要な加工食品は、安全性が確認された9農産物を原材料とする加工品のうち、組み換えられたDNA又はこれによって生じた【　　　】が加工後に残存する可能性のあるものである。

① 脂質　　　　　② 炭水化物　　　　③ たんぱく質

問77

遺伝子組換え食品の義務表示の対象となる9農産物には、大豆、とうもろこし、【　　　】などがある。

① なたね　　　　② オリーブ　　　　③ パイナップル

問78

遺伝子組換え食品の表示対象の加工食品には、ポップコーン、みそ、きな粉、【　　　】などがある。

① しょうゆ　　　② 豆腐　　　　　　③ 液糖

問79

添加物とは、【　　　】により「食品の製造の過程において又は食品の加工もしくは保存の目的で、食品に添加、混和、浸潤その他の方法によって使用するものをいう。」と定義付けられている。

① 健康増進法　　② 食品衛生法　　　③ JAS法

問80

添加物のうち、甘味料、保存料、【　　　】等については、物質名に用途名を併記することが義務付けられている。

① イーストフード　　　② 酸化防止剤　　　③ 酸味料

問81

従来、原料原産地表示義務のあった 22 の食品群については、製品の原材料及び添加物に占める単一の農畜水産物の重量の割合が【　　　】以上である食品が、従来のルールによる表示の対象となる。

① 50％　　　　　② 75％　　　　　③ 95％

問82

内容量を重量や容量で表示して販売する場合に、表示した量と実際の量との差が、政令で定めた誤差を超えないように管理する必要のある商品を計量法の「【　　　】」と呼ぶ。

① 特定商品　　　② 検量商品　　　③ 計量商品

問83

固形物に充填液を加えた缶詰、瓶詰については、固形量の管理が困難でなければ、固形量と【　　　】を表示する。

① 充填液量　　　② 総量　　　③ 内容総量

問 84 通常、賞味期限は「年月日」を表示することが原則だが、製造から期限が【　　　】を超えるものについては、「年月」で表示することが認められている。

① 3か月　　　　② 6か月　　　　③ 1年

問 85 品質の変化が少ないものとして、期限表示と保存方法の表示を省略することが可能な食品があるが、このうち【　　　】は、期限表示の省略は可能だが、保存方法の表示を省略することはできない。

① 食塩　　　　② 砂糖　　　　③ うま味調味料

問 86 容器包装されたチョコレートを輸入し、そのまま消費者に販売する場合、【　　　】の表示が必要である。

① 原料原産地名　　② 輸入国名　　　③ 原産国名

問 87 食品関連事業者に関して、【　　　】は、製造者の表示に代えて、販売者と製造所固有記号で表示することはできない。

① 食肉製品　　② 飲用乳及び乳製品　　③ 農産物漬物

問 88

産地や品種等、特色のある原材料について容器包装に表示する場合、同種の原材料に占める割合が【　　　】であれば、使用割合を併記せずに「○○使用」とのみ表示をすることができる。

① 100％　　　② 90％以上　　　③ 50％以上

問 89

米トレーサビリティ法に基づく米の産地情報の伝達について、外食事業者が消費者に提供する白飯は対象となるが、米が原材料でも【　　　】は対象にはならない。

① ピラフ　　　② きりたんぽ　　　③ おにぎり

問 90

「外食・中食における原料原産地情報提供ガイドライン」によると、主な原材料の原産地について情報提供する際、よく知られた地名等で表すことができるが、【　　　】の輸入品の場合は原産国名の情報も同時に提供することとされている。

① 水産物　　　② 畜産物　　　③ 農産物

問 91

種類の異なる野菜をカットして混ぜ合わせた商品は加工食品に該当し、原材料に占める重量の割合が最も高い原材料の野菜の原産地を【　　　】として表示する。

① 原料原産地名　　　② 原産国名　　　③ 製造所名

問 92　米加工品について、使用した米の【　　　　】の伝達が必要となる食品には、だんご、米菓、豆もちがある。

① 配合割合　　　　　　② 産地情報　　　　　　③ 品種名

問 93　「名称」に関する次の①～③の記述の中で、その内容が最も不適切なものを1つ選びなさい。

① 「名称」は誰が見てもわかりやすいように、食品の内容を的確に表現するものでなくてはならない。
② 乳及び乳製品については、事項名を「品目」として、その名称を表示する。
③ 定義に合わない製品に「ウインナーソーセージ」という名称を使用することはできない。

問 94　「原材料と添加物の表示方法」に関する次の①～③の記述の中で、その内容が最も不適切なものを1つ選びなさい。

① 食品表示基準において、酒類は、原材料名の表示を行う義務はないが、添加物の表示は義務となる。
② 原材料と添加物は、原則としてそれぞれ使用した重量割合の高いものから順に表示する。
③ 原材料と添加物の間を「／（スラッシュ）」で区切って表示する方法は認められていない。

問95 「複合原材料」に関する次の①〜③の記述の中で、その内容が最も不適切なものを1つ選びなさい。

① 複合原材料の名称からその原材料が明らかである場合、その複合原材料の原材料の表示を省略することができる。

② 製品の原材料に占める複合原材料の割合が5％未満である場合、その複合原材料の原材料の表示を省略することができる。

③ 複合原材料の原材料のうち、重量の割合が3位以下で、かつ複合原材料に占める割合が5％未満の原材料は、表示を省略することができる。

問96 「アレルギー表示」に関する次の①〜③の記述の中で、その内容が最も不適切なものを1つ選びなさい。

① 特定原材料と表記方法や言葉は異なるが、特定原材料と同じものであることが理解できる表記を、特定原材料の代替表記という。

② 特定原材料は、アレルギー症状の症例数や症状の重篤度を考慮し、食品表示基準において定められている。

③ 原材料として特定原材料を使用していなくても、同一製造ラインで特定原材料を使用している場合、微量混入（コンタミネーション）の可能性があるため、原材料名欄に表示しなければならない。

「アレルギー表示」に関する次の①～③の記述の中で、その内容が最も不適切なものを1つ選びなさい。

① 複合原材料中に複数の特定原材料等が含まれる場合は、「しょうゆ（小麦・大豆を含む）」のように、アレルゲンを「・（ナカグロ）」でつなげる。

② 使用したアレルゲンを一括して表示する場合、特定原材料名が原材料名としてそのまま、もしくは代替表記として表示されている場合は、「一部に○○を含む」の中にあらためて表示する必要はない。

③ 特定原材料に由来する添加物において、添加物自体の表示の省略が可能な場合であっても、アレルゲンの表示は必要となる。

「アレルギー表示」に関する次の①～③の記述の中で、その内容が最も不適切なものを1つ選びなさい。

① アレルゲンの表示方法には、個々の原材料ごとに表示する「個別表示」と一括して表示する「一括表示」がある。

② アレルゲンとして乳を含む添加物を使用し、「個別表示」をする場合、「○○（乳由来）」のように表示する。

③ アレルゲンの「個別表示」を行うにあたって、同じアレルゲンを重複して使用している場合、2か所目以降においてもすべてアレルゲンの表示が必要となる。

問99 「アレルギー表示」に関する次の①～③の記述の中で、その内容が最も<u>不適切なもの</u>を1つ選びなさい。

① 特定原材料「卵」について、「玉子」「タマゴ」「エッグ」「鶏卵」といった表記方法は、「代替表記」として認められている。
② 特定原材料「卵」について、「卵焼き」「ハムエッグ」といった表示はアレルギー表示として認められている。
③ マヨネーズ、オムレツ等は、特定原材料から製造されていることが明らかであるため、あらためてアレルギー表示をする必要はない。

問100 「添加物」に関する次の①～③の記述の中で、その内容が最も<u>不適切なもの</u>を1つ選びなさい。

① 一般に食品として飲食に供されているものを、添加物として使用する場合、それを「既存添加物」という。
② 着色料として使用する添加物には、物質名に用途名を併記しなければならないが、物質名に「色」の文字が入っていれば、用途名の併記は省略できる。
③ 食品を美化する用途で使用される添加物には着色料、漂白剤、発色剤、光沢剤がある。

「原料原産地」に関する次の①〜③の記述の中で、その内容が最も不適切なものを1つ選びなさい。

① 産地の表示について、それが原料原産地であるか加工地であるか不明瞭な表示は禁止されている。
② 対象原材料の産地について、国別に重量割合の高いものから順に国名を表示する「国別重量順表示」が原則である。
③ 対象原材料が国内産である場合は「生産された都道府県名」を表示しなければならない。

「原料原産地」に関する次の①〜③の記述の中で、その内容が最も不適切なものを1つ選びなさい。

① 国内で製造されたすべての加工食品が原料原産地表示の対象となる。
② 原材料のうちで重量順第1位のものが中間加工原材料であった場合、その中間加工原材料の「製造地」を表示する。
③ 以前から原料原産地の表示義務のあった22食品群と4つの品目における表示ルールは廃止された。

「計量法の特定商品」に関する次の①〜③の記述の中で、その内容が最も不適切なものを1つ選びなさい。

① 特定商品を計量し、密封して販売する際は、表示量と実際の量との差が、量目公差の範囲内でなくてはならない。
② 特定商品に生鮮食品は含まれない。
③ 特定商品は食品だけでなく、合成洗剤や灯油等の商品も含まれる。

問 104 「内容量」に関する次の①～③の記述の中で、その内容が最も不適切なものを1つ選びなさい。

① 特定商品として内容量を質量や体積で表示する場合の単位は、「グラム（g）、キログラム（kg）、ミリリットル（ml）、リットル（L）」と定められている。

② 容器包装を開かずに、外見上内容量を容易に識別できる弁当や惣菜は、内容量の表示を省略することができる。

③ 1個当たり2gのあられの内容量は、個数で表示することができる。

問 105 「期限表示」に関する次の①～③の記述の中で、その内容が最も不適切なものを1つ選びなさい。

① 消費期限は、腐敗や変敗等の品質の劣化による安全性を欠くこととなるおそれのない期限を示し、傷みやすい食品が対象となる。

② 賞味期限は、製造者等が理化学試験、微生物試験、官能試験等を行い、安全係数を考慮して設定される。

③ 製造から賞味期限までの期間が2か月を超えるものについては「年月」で表示することができる。

「期限表示」に関する次の①～③の記述の中で、その内容が最も不適切なものを1つ選びなさい。

① 開封後にどれくらい日持ちするかを表示する義務がある。
② 表示された期限表示は、未開封の状態で、表示された「保存方法」に従って保存することを前提としている。
③ 表示可能面積が小さいことを理由に期限表示を省略することはできない。

「保存方法」に関する次の①～③の記述の中で、その内容が最も不適切なものを1つ選びなさい。

① 保存上の注意点が、「直射日光を避ける」だけの場合、保存方法の表示を省略することができる。
② 砂糖は保存方法の表示を省略することができる。
③ 保存方法は、表示できる面積が小さいという理由で省略することができない。

「保存方法」に関する次の①～③の記述の中で、その内容が最も不適切なものを1つ選びなさい。

① 氷は保存方法の表示を省略することができない。
② 「保存温度10℃以下」「4℃以下で保存」といったように、流通段階や、家庭で可能な方法を平易な用語で表示する。
③ 開封後に保存温度を変更することが望ましい食品については、「使用上の注意」として表示するなど、「保存方法」とは異なるものであることを明確にして表示する。

問109 「食品関連事業者」に関する次の①〜③の記述の中で、その内容が最も不適切なものを1つ選びなさい。

① 輸入品の場合、輸入者として、輸入業者の営業所所在地及び氏名又は名称を表示する。

② 消費者庁長官に届け出た製造所固有記号は、同一製品を2以上の工場で製造する場合に、使用することができる。

③ 販売者として表示を行うときは、実際の製造や加工を行った者の名称を併せて表示するが、この場合、製造者や加工者の所在地は記載する必要はない。

問110 「栄養成分表示」に関する次の①〜③の記述の中で、その内容が最も不適切なものを1つ選びなさい。

① 栄養成分表示では、「熱量」「たんぱく質」「脂質」「水分」「食塩相当量」を順番に記載する。

② 食品単位として「1食当たり」のみの記載は認められない。

③ 0と表示できる基準値を満たしていれば微量に含んでいても、栄養成分値として「0g」等と記載することができる。

問111 「栄養成分表示の対象食品」に関する次の①〜③の記述の中で、その内容が最も不適切なものを1つ選びなさい。

① 酒類は、栄養成分表示を省略することができる。

② 生鮮食品など栄養成分表示が任意である食品に栄養成分表示をする場合、食品表示基準は適用されない。

③ 消費者へ販売される添加物には栄養成分表示が義務付けられている。

問 112 「栄養成分表示」に関する次の①～③の記述の中で、その内容が最も不適切なものを1つ選びなさい。

① 栄養成分表示は、消費者が自主的かつ合理的に食品を選択するために必要な情報の1つである。

② 食品表示基準の施行によって、一般用加工食品への栄養成分表示が原則として義務化された。

③ 栄養成分表示は、内容量にかかわらず、100g当たりの値で表示しなければならない。

問 113 「栄養成分表示」に関する次の①～③の記述の中で、その内容が最も不適切なものを1つ選びなさい。

① 「酸化防止剤（ビタミンC）」と添加物欄に表示することは、栄養成分の強調表示とはみなされない。

② 「カフェイン」や「ポリフェノール」について、栄養成分表示をする際は、栄養成分表示の対象となっている成分と区別して枠外などに表示する。

③ 輸入された加工食品に英文で栄養成分表示がある場合は、日本語で表示を行う必要はない。

問 114 複合原材料の表示について、複合原材料の名称から判断して、その原材料の表示を省略することができるものを次の①～④の中から1つ選びなさい。

① 天ぷら ② ごま和え ③ 煮物 ④ だし巻き玉子

問 115 <u>アレルギー表示が義務付けられているもの</u>を、次の①～④の中から１つ選びなさい。

① 店頭で量り売りする惣菜や、調理パン等で、その場で包装するもの
② 注文を受けて作るお弁当
③ 外食のメニュー
④ 表示可能面積がおおむね 30cm² 以下のもの

問 116 乳の代替表記として<u>最も不適切なもの</u>を次の①～④の中から１つ選びなさい。

① 生クリーム　② バター　③ チーズ　④ アイスクリーム

問 117 特定原材料に準ずるものと、その拡大表記の組み合わせとして<u>最も不適切なもの</u>を、次の①～④の中から１つ選びなさい。

① ［鶏肉］── ［チキンブイヨン］
② ［いくら］── ［塩すじこ］
③ ［さけ］── ［スモークサーモン］
④ ［ゼラチン］── ［ゼリー］

問 118 添加物の表示方法として、**最も不適切なもの**を次の①〜④の中から１つ選びなさい。

① 「ソルビトール」のような物質名による表示
② 「酸味料」のような一括名による表示
③ 「NaHCO₃」のような化学式による表示
④ 「着色料（カラメル）」のような物質名に用途名を併記した表示

問 119 「さけ」由来の添加物「しらこたん白抽出物」を保存料として用いる場合の表示方法について、**最も適切なもの**を次の①〜④の中から１つ選びなさい。

① しらこたん白抽出物（さけ由来）
② 保存料（しらこたん白抽出物：さけを含む）
③ 保存料（しらこたん白抽出物：さけ由来）
④ 保存料（さけ由来）

問 120 表示が免除される添加物として、**最も不適切なもの**を次の①〜④の中から１つ選びなさい。

① 食品の個包装の際、ガス置換に使用し最終食品中に残っていない二酸化炭素
② 最終食品のいなりずしにわずかに残っているが、その効力を発揮しない豆腐用凝固剤
③ 菓子に栄養強化の目的で使用されるビタミン類
④ 清涼飲料水に酸化防止剤として使用されるビタミン類

問 121

原材料名欄における原料原産地の表示方法として、**最も不適切なもの**を次の①〜④の中から1つ選びなさい。

① 豚肉（アメリカ）
② 豚肉（アメリカ、その他）
③ 豚肉（アメリカ、カナダ）
④ 豚肉（アメリカ又はカナダ）

問 122

計量法における特定商品の内容量の表示として、**最も不適切なもの**を次の①〜④の中から1つ選びなさい。

① 100cc　　② 10kg　　③ 100g　　④ 1,000ml

問 123

食用なたね油の内容量として、**最も適切なもの**を次の①〜④の中から1つ選びなさい。

① 350g　　② 350ml　　③ 12.3oz　　④ 3.5dl

問 124

期限表示の省略が**認められていないもの**を次の①〜④の中から1つ選びなさい。

① チューインガム
② 酒類
③ 砂糖
④ キャンデー

賞味期限の表記として、**最も不適切なもの**を次の①〜④の中から1つ選びなさい。

① 令和5年9月28日
② 2023. 9. 28
③ 9. 28. 2023
④ 230928

原産国名の表示を必要としないものを、次の①〜④の中から1つ選びなさい。

① バルクで外国より輸入し、国内で小分け包装したキャンデー
② 濃縮果汁を外国より輸入し、国内で希釈した還元ジュース
③ 外国で容器包装されたものを輸入し、国内でラベル付けを行ったチーズ
④ 外国で容器包装された製品を輸入し、国内で化粧箱に詰め合わせしたクッキー

販売者が製造所固有記号を使用して表示する方法として、最も不適切なものを次の①〜④の中から1つ選びなさい。（同一製品を2つ以上の工場で製造しているものとする。）

① | 販売者 | 株式会社○○フード　＋AB
○○県○○市○○町○ - ○ - ○

※製造所は下記までお問合せください。
　お客様サービス係　TEL：○○ - ○○○○ - ○○○○

② | 販売者 | 株式会社○○フード　＋AB
○○県○○市○○町○ - ○ - ○

※製造所固有記号 届出日：2016.5.10
　　　　　　　　届出場所：消費者庁（https://www. ○○○ .jp）

③ | 販売者 | 株式会社○○フード　＋AB
○○県○○市○○町○ - ○ - ○

※製造所固有記号：
　AB：○○○○ （株）○○県○○市○○町○ - ○ - ○
　YZ：○○○○ （株）○○県○○市○○町○ - ○ - ○

④ | 販売者 | 株式会社○○フード　＋AB
○○県○○市○○町○ - ○ - ○

※製造所は弊社 HP をご確認ください。
　URL：https://www. ○○○○ .jp

栄養成分を表示する際に、「熱量」と「脂質」の間に記載しなければいけない栄養成分を次の①〜④の中から1つ選びなさい。

① 炭水化物　② たんぱく質　③ 食塩相当量　④ ナトリウム

栄養成分表示を省略することができる一般用加工食品として、最も不適切なものを次の①〜④の中から1つ選びなさい。

① 容器包装の表示可能面積が30cm²以下である菓子
② ごく短期間でレシピが変更される日替わり弁当
③ 缶入りの果実飲料や豆乳
④ 消費税を納める義務が免除されている事業者及び小規模企業者が販売する豆腐

栄養成分表示が任意、又は省略できる食品において、「カルシウム入り」と強調表示をする場合、栄養成分表示として必要になる項目として最も適切なものを次の①〜④の中から1つ選びなさい。

① カルシウムのみ
② 栄養成分の義務表示5項目
③ 栄養成分の義務表示5項目及びカルシウム
④ 必要な表示項目はない

いろいろな食品表示の例

問 131　次の神奈川県で加工されたカット野菜（複数のカット野菜の混合品）の表示について、【　　　】に入る<u>最も適切な語句</u>を①～④の中から１つ選びなさい。

《前提条件》
もやし（千葉県産）50％、キャベツ（群馬県産）20％、にんじん（北海道産）10％、ピーマン（中国産）10％、エリンギ（長野県産）5％、小松菜（広島県産）5％

名称	野菜炒め用野菜ミックス
原材料名	もやし、キャベツ、にんじん、ピーマン、エリンギ、小松菜
原料原産地名	【　　　　】
内容量	100g
消費期限	○○．○○．○○
保存方法	10℃以下で保存してください。
加工者	○○青果株式会社 神奈川県○○市○○町○番地○○

①　国産（もやし）

②　神奈川県産

③　千葉県産、群馬県産、その他

④　中国産（ピーマン）

次の国内で製造された農産物漬物の表示について、【　　　　】に入る最も適切な語句を①～④の中から1つ選びなさい。

名称	なす塩漬
原材料名	なす、漬け原材料（還元水あめ、食塩、酵母エキス）
添加物	環状オリゴ糖、酸化防止剤（V.C）、ミョウバン
【　　　】	国産（なす）
内容量	150 g
賞味期限	○○.○○.○○
保存方法	冷蔵庫（10℃以下）で保存してください。
製造者	(株)○○食品　○○県○○市○○町○-○-○

① 原産国名

② 原料原産地名

③ 加工地名

④ 製造地名

次の豆腐の表示例の中で、最も不適切な表示部分を①～④の中から1つ選びなさい。

	名称	木綿豆腐
① →	原材料名	丸大豆（千葉県産）
② →	添加物	凝固剤（にがり）
③ →	内容量	1丁
	消費期限	○○.○○.○○
④ →	保存方法	要冷蔵（10℃以下）
	製造者	○○豆腐有限会社 千葉県○○市○○町○○-○○

問 **134** 「飲用乳の表示に関する公正競争規約」に基づいた次の牛乳の表示について、【　　　】に入る最も適切な語句を①～④の中から1つ選びなさい。

種類別名称	牛乳
商品名	○○牛乳
無脂乳固形分	8.1%以上
乳脂肪分	3.6%以上
原材料名	生乳（青森県産）100%
【　　】	130℃　2秒間
内容量	1000ml
賞味期限	上部に記載
保存方法	10℃以下で保存してください。
開封後の取扱い	開封後は賞味期限にかかわらずできるだけ早めにお飲みください。
製造所所在地	○○県○○市○○町○-○-○
製造者	○○乳業株式会社

① 加熱処理

② 殺菌

③ 滅菌

④ 処理方法

問 135　次の乳飲料の表示について、【　　　】に入る最も適切な語句を①～④の中から1つ選びなさい。

種類別名称	乳飲料（【　　　】）
商品名	コーヒー牛乳
無脂乳固形分	5.2%
乳脂肪分	1.8%
原材料名	生乳（茨城県産）（50%未満）、乳製品、砂糖、コーヒー
添加物	カラメル色素、香料
内容量	250ml
賞味期限	容器の側面に記載
保存方法	常温を超えない温度で保存してください。
開封後の取扱い	開封後は10℃以下で保存し、賞味期限にかかわらずできるだけ早くお飲みください。
製造所所在地	○○県○○市○○町○-○-○
製造者	株式会社○○乳業

① コーヒー

② 国産

③ 特別牛乳

④ 常温保存可能品

問136

次のカップ入りアイスクリーム類の表示について、【　　　　】に入る**最も適切な語句**を①〜④の中から1つ選びなさい。

種類別名称	【　　　　】
無脂乳固形分	10.0%
乳脂肪分	11.0%
卵脂肪分	0.6%
原材料名	牛乳（国内製造）、クリーム、脱脂粉乳、卵黄（卵を含む）、水あめ、砂糖
添加物	乳化剤、安定剤（増粘多糖類）、香料
内容量	120ml
製造者	(株)○○乳業　○○県○○市○○町○-○-○

保存上の注意：ご家庭では−18℃以下で保存してください。

① ラクトアイス

② カップアイス

③ 氷菓

④ アイスクリーム

問 137 次のうなぎ蒲焼きの表示例の中で、**最も不適切な表示部分を**
①～④の中から1つ選びなさい。

《前提条件》
国産のうなぎ蒲焼きをバルクで仕入れ、（株）スーパー○○が
店内のバックヤードで小分け包装して販売

	名称	うなぎ蒲焼き
	原材料名	ニホンウナギ（国産）、醤油（大豆・小麦を含む）、砂糖、みりん
①→	添加物	調味料（アミノ酸等）、増粘多糖類、着色料
②→	内容量	1尾
③→	消費期限	○○.○○.○○
	保存方法	10℃以下で保存してください
④→	加工者	（株）スーパー○○ ○○県○○市○○町○-○-○

問138　次の塩干魚類の表示について、【　　　】に入る<u>最も適切な</u>
<u>語句</u>を①〜④の中から1つ選びなさい。

《前提条件》
韓国産のさんまを北海道で加工したもの

名称	さんま一夜干
原材料名	さんま（【　　　】）、食塩
内容量	2枚
賞味期限	○○.○○.○○
保存方法	10℃以下で保存してください。
製造者	○○水産株式会社 北海道○○市○○町○番地○○

① 韓国産　　② 北海道産　　③ 国産　　④ 日本海

問139　次の茶葉（緑茶）の表示について、【　　　】に入る<u>最も適</u>
<u>切な語句</u>を①〜④の中から1つ選びなさい。

《前提条件》
A国産荒茶を用いて国内で仕上げてティーバッグにしたもの

名称	煎茶（ティーバッグ）
原材料名	緑茶（【　　　】）
内容量	30g（3g×10袋入り）
賞味期限	○○.○○.○○
保存方法	直射日光・高温多湿を避けて保存してください。
製造者	株式会社○○製茶 ○○県○○市○○町○-○-○

① 国産　　② 国内製造　　③ A国産　　④ A国産、国産

次の黒糖の表示について、【　　　】に入る<u>最も適切な語句</u>を①〜④の中から1つ選びなさい。

名称	黒砂糖
原材料名	さとうきび（【　　　】）
内容量	400g
賞味期限	○○．○○．○○
保存方法	直射日光及び高温多湿を避け、常温で保存してください。
製造者	○○製糖株式会社 沖縄県○○市○○町○番地○○

① 沖縄県産

② 100％

③ 遺伝子組換えでない

④ 原料糖

「食用塩の表示に関する公正競争規約」に基づいた次の食塩の表示について、【　　　】に入る<u>最も適切な語句</u>を①〜④の中から1つ選びなさい。

名称	食塩
原材料名	海水（日本）
内容量	500g
製造者	株式会社○○塩業 ○○県○○市○○町○番地○○

【　　　】
原材料名：海水（日本）
工　　程：天日・平釜

① 精製法　　② 殺菌方法　　③ 製造方法　　④ 原材料詳細

次の乳化液状ドレッシングの表示について、【　　　】に入る最も適切な語句を①～④の中から1つ選びなさい。

名称	乳化液状ドレッシング
原材料名	食用植物油脂（大豆油（国内製造）、なたね油）、りんご酢、チーズ、レモン果汁、砂糖、食塩、【　　　】、アンチョビソース、にんにく、酵母エキス、香辛料
添加物	調味料（アミノ酸等）、増粘剤（キサンタンガム）
内容量	150ml
賞味期限	○○ . ○○ . ○○
保存方法	直射日光・高温多湿を避けて保存してください。
製造者	（株）○○食品　○○県○○市○○町○ - ○ - ○

① 卵黄

② 卵黄（卵由来）

③ 卵黄（卵を含む）

④ 卵黄（原材料の一部に卵を含む）

次のマヨネーズの表示について、【　　　】に入る最も適切な語句を①～④の中から1つ選びなさい。

名称	マヨネーズ
原材料名	大豆油（国内製造）、卵、醸造酢（りんごを含む）、食塩、香辛料／調味料（アミノ酸）
内容量	【　　　】
賞味期限	○○ . ○○ . ○○
保存方法	直射日光、高温多湿を避けて保存してください。
製造者	○○食品株式会社 ○○県○○市○○町○番地○○

① 1本　　② 150ml　　③ 150g　　④ 150cc

問 144 次の緑茶飲料の表示について、【　　　】に入る<u>最も適切な</u>語句を①～④の中から1つ選びなさい。

名称	緑茶（【　　　　　】）
原材料名	緑茶（国産）／ビタミンC、香料
内容量	350ml
賞味期限	キャップに記載
保存方法	高温、直射日光を避けてください。
製造者	○○ドリンク（株） ○○県○○市○○町○-○-○

① 国産

② 清涼飲料水

③ 新茶

④ 遺伝子組換えでない

問 145 次の弁当の表示例の中で、<u>省略可能な表示事項</u>を①～④の中から1つ選びなさい。

《前提条件》

外から何が入っているか見える容器に入れられたもの

	名称	幕の内弁当
① →	原材料名	米（国産）、おかず（卵・小麦・大豆・豚肉・鶏肉・さけ・りんご・ゼラチンを含む）
	添加物	調味料（アミノ酸等）、酸味料、pH調整剤、酸化防止剤（V.C）、着色料（カラメル、クチナシ）
② →	内容量	1人前
③ →	消費期限	○○.○○.○○　○○時
④ →	保存方法	17℃以下で保存してください。
	製造者	(株)○○食品　○○県○○市○○町○-○-○

問 146

生食用牛肉を提供する飲食店において、牛肉の食中毒事故を防ぐ目的で店内掲示やメニューの表示に義務付けられている事項について【　　　】に入る最も適切な語句を①～④の中から1つ選びなさい。

- 一般的に食肉の生食は食中毒のリスクがあります。
- 【　　　】

---

① お子様、お年寄り、その他食中毒に対する抵抗力の弱い方は、食肉の生食をお控えください。
② 食中毒については、当店では責任を負いかねます。
③ 幼児は、牛肉を生で食べないでください。
④ 体調が優れなくなった場合、医師の診察をお受けください。

147
次の文章の【　　　　】の部分にあてはまる<u>最も適切な語句</u>を、
①〜④の中から1つ選びなさい。

このマークを付することができる【　　　　】には、「病者用
食品」「妊産婦・授乳婦用粉乳」「乳児用調製乳」「えん下困難
者用食品」があります。

① 特別用途食品
② 特定保健用食品
③ 健康補助食品
④ 栄養機能食品

問 148 スマイルケア食の識別マークの色の組み合わせとして、最も適切なものを①〜④から１つ選びなさい。

A 噛むこと・飲み込むことに問題はないものの健康維持上栄養補給を必要とする方向けの食品

B 噛むことが難しい方向けの食品

C 飲み込むことが難しい方向けの食品

① A：赤　B：黄　C：青
② A：黄　B：青　C：赤
③ A：青　B：黄　C：赤
④ A：青　B：赤　C：黄

問 149 次の文章の【　　　】の部分にあてはまる最も適切な語句を、①〜④の中から１つ選びなさい。

農産物の名称に、「【　　　】」と表示する際は、認証を受けてこのマークを貼付することが必要である。

○○認証センター
認証番号○○

① 有機
② 天然
③ 自然
④ 自家製

150

容器包装の識別マークの対象に関する次の①〜④の記述の中で、その内容が最も <u>不適切なもの</u> を1つ選びなさい。

①  飲料、酒類、しょうゆ用等のペットボトル

②  紙製容器包装（アルミを使用していない飲料用紙容器と段ボールを除く）

③  飲料以外の食品缶詰のスチール缶

④  飲料、酒類、しょうゆ用等のペットボトルを除くプラスチック製容器包装

<table>
<tr><td>問 151</td><td>任意の容器包装の識別マークの対象に関する次の①〜④の記述の中で、その内容が最も<u>不適切なもの</u>を1つ選びなさい。</td></tr>
</table>

①		アルミニウムを不使用の飲料用紙容器
②		プラスチック容器
③		一般缶（鉄製容器）
④		リターナブルガラスビン

<table>
<tr><td>問 152</td><td>次の文章の【　　　　】の部分にあてはまる最も<u>適切な語句</u>を、①〜④の中から1つ選びなさい。</td></tr>
</table>

このマークは、「【　　　　】の表示に関する公正競争規約及び同施行規則」に基づいた表示をしているものに付することができる。

① 鶏卵
② ハム・ソーセージ類
③ ドレッシング類
④ 飲用乳

このマークの対象となるものを、次の①〜④の中から1つ選びなさい。

① 食用塩
② ドレッシング類
③ みそ
④ レギュラー・インスタントコーヒー類

次の文章の【　　　】の部分にあてはまる最も適切な語句を、①〜④の中から1つ選びなさい。

産品の確立した特性と地域との結び付きを証する【　　　】と併せてGIマークを付すことができる。

① 地域特産品表示
② 地理的表示
③ 特定産地表示
④ 限定品表示

※出題にあたりマークの絵柄を
　一部加工しています。

問 155

次の文章の【　　　　】の部分にあてはまる<u>最も適切な語句</u>を、①〜④の中から 1 つ選びなさい。

食品表示法に定められた保健機能食品の 1 つであり、健康増進法で定める特別用途食品でもあるのは、【　　　　】である。

① 健康食品
② 特定保健用食品
③ 栄養機能食品
④ 機能性表示食品

問 156

「機能性表示食品」に関する次の①〜④の記述の中で、その内容が<u>最も不適切なもの</u>を 1 つ選びなさい。

① 機能性表示食品とは、科学的根拠に基づいた機能性が、事業者の責任において表示された食品である。
② 食品の安全性や機能性に関する科学的根拠等について、消費者庁長官に届け出る必要がある。
③ 科学的根拠に基づいていれば、疾病の治療や予防を目的とする表示をすることができる。
④ 機能性表示食品の情報は消費者庁のウェブサイトで閲覧することができる。

問 157

機能性表示食品の機能性の対象者の年齢層として<u>最も不適切な</u>ものを、次の①〜④の中から 1 つ選びなさい。

① 5 〜 15 歳　　　　　② 25 〜 35 歳
③ 45 〜 55 歳　　　　　④ 65 〜 75 歳

「栄養機能食品」に関する次の①〜④の記述の中で、その内容が最も不適切なものを1つ選びなさい。

① 栄養機能食品とは、特定の栄養成分の補給を目的とし、その栄養成分の機能を表示している食品である。
② 栄養機能食品の対象となるのは、一般用の加工食品のみである。
③ 栄養機能食品を製造・販売するにあたって、国への許可申請や届出の必要はない。
④ 栄養機能食品として表示できる栄養成分には、1日当たりの摂取目安量に含まれる栄養成分量の上・下限値の規格基準が定められている。

栄養機能食品において表示する栄養成分の機能を示す文言として、その内容が最も不適切なものを次の①〜④の中から1つ選びなさい。

① カリウムは、正常な血圧を保つのに必要な栄養素です。
② ビタミンKは、正常な血液凝固能を維持する栄養素です。
③ ビオチンは、皮膚や粘膜の健康維持を助ける栄養素です。
④ n-3系脂肪酸は、皮膚炎等の皮膚の病気を治療する栄養素です。

問 160 次の文章の【　　　】の部分にあてはまる<u>最も適切な語句</u>を、
①〜④の中から1つ選びなさい。

容器包装の識別マークは、リサイクルが円滑に行われるように
するため、「【　　　】」に基づいて、容器包装に表示するこ
とが義務付けられている。

① 食品衛生法
② 食品表示法
③ 資源有効利用促進法
④ JAS法

6 私たちの食生活について考える

次の問 161 の【　　　　】の部分にあてはまる<u>最も適切な語句の組み合わ</u>
<u>せ</u>を、①～④の中から 1 つ選びなさい。

高齢世帯や少人数世帯が増えていく中、今後の食料消費の動向
としては、特に調理せずにそのまま食べることができる食品の
【　ア　】と内容量の【　イ　】が進むことが予想されている。

① ア……減少　　イ……多量化
② ア……減少　　イ……少量化
③ ア……増加　　イ……多量化
④ ア……増加　　イ……少量化

次の問 162 ～ 179 の文章の【　　　　】の部分にあてはまる<u>最も適切な</u>
<u>語句</u>を、それぞれ①～④の中から 1 つ選びなさい。

不適切な食生活や、運動不足、休養不足、飲酒、喫煙が病気の
発症や進行に関連する疾患を総称して【　　　　　】という。

① 生活習慣病
② 不摂生病
③ 遺伝子疾患
④ 自己免疫疾患

問 163 メタボリックシンドロームとは、内臓脂肪型肥満に高血糖症、【　　　　】、脂質異常症のうち、いずれか2つ以上を併せ持った状態のことである。

① 高血圧症
② 心臓病
③ 貧血症
④ 高タンパク血症

問 164 体重（kg）÷［身長（m）×身長（m）］で算出される、肥満度を示す指標を【　　　　】という。

① PFCバランス
② ローレル指数
③ 標準体重
④ BMI

問 165 三大栄養素とは、たんぱく質、炭水化物、【　　　　】をいい、栄養バランスを考える指標の1つである。

① ビタミン
② 脂質
③ 糖質
④ ナトリウム

問 166 日本肥満学会が決めた判定基準では、BMIが【　　　】以上を「肥満」、18.5未満を「低体重」、その中間を「普通体重」としている。

① 20　　　　② 25　　　　③ 30　　　　④ 35

問 167 栄養成分表示を省略することができる加工食品に「【　　　】」と表示することは、栄養に関する表示とはみなされないため、栄養成分表示はそのまま省略できる。

① 塩分50%カット　　　② ノンシュガー
③ うす塩　　　　　　　④ 甘さ控えめ

問 168 食塩摂取量は「日本人の食事摂取基準（2020年版）」において、成人の場合それぞれ【　　　】未満を目標としており、近年減少傾向にあるが、まだ目標数値を上回っている。

① 男性7.5g、女性6.5g　　　② 男性6.5g、女性7.5g
③ 男性11.0g、女性9.5g　　　④ 男性9.5g、女性11.0g

問 169 栄養成分表示において、ナトリウムの量はその値から算出した【　　　】で表示する。

① 食塩含有量　　　② 食塩濃度
③ 食塩相当量　　　④ 塩分相当量

問170 ナトリウム量が1000mgのとき、計算で求められる食塩相当量は【　　　】である。

① 2.54g 　　 ② 25.4mg 　　 ③ 50.8mg 　　 ④ 0.508g

 問171 厚生労働省が推奨する「健康日本21」の運動によると、必要な量の栄養素を食事からとるためには、野菜を1日当たり【　　　】食べることが望ましいとされている。

① 50g 　　 ② 100g 　　 ③ 200g 　　 ④ 350g

 問172 国民の生涯にわたる健康で文化的な生活と活力ある社会の実現に寄与することを目的とした「【　　　】基本法」において「【　　　】」とは、

・生きる上での基本であって、知育、徳育及び体育の基礎となるべきもの
・さまざまな経験を通じて「食」に関する知識と「食」を選択する力を習得し、健全な食生活を実践することができる人間を育てること

と位置付けられている。

① 健康 　　 ② 食文化 　　 ③ 食育 　　 ④ 食生活

問173 食事バランスガイドは、料理・食品を5グループに分類しているが、そのうち「主菜」は【　　　　】、魚、卵、大豆料理である。

① 肉　　　　② 果物　　　　③ ごはん　　　　④ 牛乳・乳製品

問174 食事バランスガイドは、食事内容の構成をコマの本体に、【　　　　】をコマの軸としてデザインされ、回転（運動）することによって安定して回り続けることができるというイメージを通じて、食事のバランスの大切さを感覚的に把握することができる。

① 水、お茶　　　　　② アルコール類
③ 菓子　　　　　　　④ ごはん・パン

問175 日本の食料自給率は、カロリーベースで算出すると、約【　　　　】である。

① 55％　　　　② 66％　　　　③ 38％　　　　④ 26％

問176 カロリーベースでの食料自給率を諸外国と比較すると、日本の食料自給率は、アメリカの食料自給率のおよそ【　　　　】である。

① 半分　　　　② 1/3　　　　③ 2倍　　　　④ 3倍

問177 事業系の食品廃棄物のうち【　　　】は、食品ロスとはいえないが、食品リサイクル法の対象にはなっている。

① 規格外品
② 返品
③ 売れ残りの食品
④ 肉や魚の骨などの不可食部分

問178 家庭における、食品ロス削減に向けた取り組みとして、【　　　】ことは避けるべきである。

① 残さず食べる
② 野菜の皮を厚めにむく
③ 冷凍保存を活用する
④ 賞味期限が過ぎてもすぐに捨てるのではなく、食べられるかどうか自分で判断する

問179 イスラム教では【　　　】やアルコールの摂取が宗教により規制されている。

① 豚　　　　② 牛　　　　③ 鶏　　　　④ 羊

総合問題

180 次の乾燥野菜の表示について、ア〜ウの問いに答えなさい。

《前提条件》

- 中国で生産された大根を輸入し、日本で○○株式会社が切り干し大根を製造
- 大根75％、にんじん25％使用

名称	乾燥野菜	
原材料名	大根、にんじん	
【　ア　】	中国（大根）	
		←【　イ　】
賞味期限	○○．○○．○○	
保存方法	直射日光を避け、温度の低いところに保存してください。	
【　ウ　】	○○株式会社 ○○県○○市○○町○−○−○	

ア. 【　ア　】に入る<u>最も適切なもの</u>を、次の①〜④の中から
1つ選びなさい。

① 産地
② 原料原産地名
③ 原産国名
④ 生産国名

2024年

食品表示検定試験

2024

2024年度の後期試験は、初級は11/1～、中級は11/14～開催!

☀ 累計受験者数は約19万人! 「食品業界」で働く方に欠かせないスキル

▶ 食品表示を読み解く力や適切な表示を行う力を養うため、食品メーカーや小売業の方、学生の方など幅広い層の方が「食品表示検定試験」を受験されています。

▶ 頻繁に改正される食品表示に関する法令等について、体系的に知識を確認する機会としてご活用いただけます。

▶ 「食品表示検定試験」の累計受験者数は、現在約19万人により、約9万人が「食品表示診断士」として活躍されています。商社・小売業・外食・中食産業等で受験を推奨していただいている企業・団体のべ約9,000団体となり、多くの企業や団体で社員教育の一環として導入いただいております。「食品表示検定試験」へのチャレンジをお待ちしております。

☀ 初級・中級はCBT方式を導入! お近くの会場で受験できます

▶ 初級・中級は、CBT方式(コンピュータを利用した受験)で実施します。

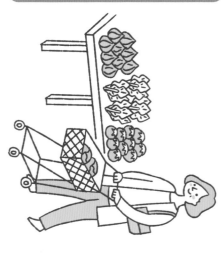

各級のご紹介

初級

こんな方におススメ
- 食品業界に携わり「品表示」の基礎を知りたい方
- 食品業界、食品小売業に就職を希望される方
- 食品表示に興味があり、商品選択に役立てたい消費者の方

こんなメリットがあります
- 食品業界に欠かせない「表示」の基礎が学べる
- 食品表示の基礎を理解し、「安全・安心」な商品選択に活かせる

中級

こんな方におススメ
- 食品業界の商品開発のご担当者、食品販売責任者
- 食品工場、食品仕入れ部門などのご担当者
- 品質管理、品質保証のご担当者

こんなメリットがあります
- 食品表示の専門知識を業務に活かせる
- 仕入れや販売業務で顧客からの質問や疑問に答えられる

上級

こんな方におススメ
- 品質保証などの責任者、実務者
- 食品表示が正確かどうか検証する部門の責任者、実務者
- 食品表示の相談を受ける方（公的機関、コンサルタント）

こんなメリットがあります
- 食品表示のエキスパートとして活躍できる
- 食品表示を作成・指導できる

※初級から中級からでも自由に級を選んで受験いただけます。同一回での初級・中級の併願受験も可能です。
※上級は、中級食品表示診断士の有資格者（中級合格者）であることが受験条件です。

受験者の業種別比率

■食品製造業　■食品卸・商社　■外食・中食　■その他業種　■食品小売業　■学生・一般

第28回 初級

- 36.4%
- 14.3%
- 15.1%
- 12.4%
- 19.3%
- 2.5%

受験者数	2,939人
合格率	53.3%
平均点	69.3点

第28回 中級

- 47.5%
- 18.9%
- 9.1%
- 11.9%
- 10.0%
- 2.6%

受験者数	3,556人
合格率	49.7%
平均点	68.2点

第13回 上級

- 51.2%
- 14.3%
- 12.4%
- 14.1%
- 4.2%
- 3.8%

受験者数	502人
合格率	13.1%
平均点	63.9点

2024年〈後期〉 食品表示検定試験実施概要

「食品表示検定試験」は、初級・中級は前期と後期の年2回、上級は年1回開催します。上級試験は一日の全国一斉ペーパー試験）で実施します。※実施概要は変更となる場合もあります。最新情報はHPでご確認ください。初級・中級はCBT方式、上級試験はPBT方式（単

受験級	初級	中級	上級
	第30回	第30回	第14回 上級
試験日	11月1日(金)〜11月23日(土)	11月14日(木)〜12月8日(日)	11月17日(日)

項目	CBT方式		PBT方式（単一日のペーパー試験）
試験方式	CBT方式		PBT方式（単一日のペーパー試験）
試験地区	全国300カ所以上のテストセンター		札幌.仙台.東京.名古屋.大阪.広島.福岡
申込方法 《個人》	インターネットからマイページ登録後、申込&お支払		
申込方法 《団体》※各級単位で10名以上	①責任者が事前申請期間にインターネットから受験人数を申請&お支払 ②受験者がインターネットからマイページ登録&申込		団体申込なし
申込方法 団体事前申請期間	8月19日(月)〜9月4日(水)		
受験申込期間	9月5日(木)〜10月18日(金)		8月26日(月)〜10月16日(水)
受験料(税込)	5,280円	8,800円	22,000円
	団体割引あり(各級単位で20名以上の場合5%)		割引適用なし
受験資格	学歴、年齢、性別、国籍の制限なし		中級食品表示診断士(中級合格者)
出題範囲	「改訂8版 食品表示検定認定テキスト・初級」 ※2024年1月発行。2024年度の試験は改訂8版に準拠して出題されます。	「改訂8版 食品表示検定認定テキスト・中級」 ※2023年1月発行。2024年度の試験は改訂8版に準拠して出題されます。	食品表示全般に対する試験で法令、ガイドライン、Q&A等から出題
出題形式	テストセンターのPCを使用した選択式		マークシート方式・記述式
合否結果発表	12月5日(木)	12月20日(金)	2025年1月22日(水)
合格基準	70点以上が合格(100点満点)		80点以上が合格(100点満点)

※初級・中級は、第30回検定より合格証をデジタル化いたします。マイページより「デジタル合格証」のダウンロードが可能となります。詳細はHPでご確認ください。

食品表示検定対策セミナー インターネットに接続しているPC、タブレット、スマートフォン等により繰り返し視聴いただける「オンデマンド講座」をご用意しています。

詳細はHPをご参照ください
食品表示検定
https://www.shokuhyoji.jp

主催 一般社団法人食品表示検定協会
後援 一般社団法人日本農林規格協会（JAS協会）
日本チェーンストア協会

イ.【　イ　】に入る最も適切なものを、次の①〜④の中から
　　1つ選びなさい。

①	加工地	日本

②	内容量	100g

③	製造国名	日本

④	内容量	2人前

ウ.【　ウ　】に入る最も適切なものを、次の①〜④の中から
　　1つ選びなさい。

① 製造者
② 輸入者
③ 発売者
④ 生産者

次のチルドハンバーグステーキの表示について、ア〜ウの問いに答えなさい。

《前提条件》
- この商品には食肉が50％以上含まれています。
- 包装後に加熱殺菌しています。

【 ア 】

名称	チルドハンバーグステーキ
原材料名	食肉（牛肉（米国産）、豚肉）、つなぎ（パン粉（小麦・大豆・乳成分を含む）、でん粉）、玉ねぎ、ウスターソース（大豆・りんごを含む）、砂糖、しょうゆ（大豆・小麦を含む）、食塩、水あめ、香辛料、醸造酢／調味料（アミノ酸等） ソース（ウスターソース（大豆・りんごを含む）、砂糖、トマトペースト、玉ねぎ、しょうゆ（大豆・小麦を含む）、でん粉、水あめ、チーズ、食塩／カラメル色素、増粘剤（キサンタンガム））
内容量	130g（【 イ 】 100g）
賞味期限	○○．○○．○○
保存方法	【 ウ 】で保存してください。
製造者	○○加工株式会社 ○○県○○市○○町○－○－○

・調理方法：加熱調理してお召し上がりください。

ア．【 ア 】に入る<u>最も適切なもの</u>を、次の①〜④の中から1つ選びなさい。

① 加熱挽肉製品（包装後加熱）

② 特定加熱食肉製品（加熱後包装）

③ 食肉加工製品（加熱済み）

④ 加熱食肉製品（包装後加熱）

イ.【 イ 】に入る<u>最も適切なもの</u>を、次の①～④の中から
1つ選びなさい。

① 固形量　② 固体　③ ハンバーグ量　④ 実質量

ウ.【 ウ 】に入る<u>最も適切なもの</u>を、次の①～④の中から
1つ選びなさい。

① 15℃以下
② −18℃以下
③ 10℃以下
④ 20℃以下

次のチーズの表示について、ア～ウの問いに答えなさい。

《前提条件》
• イタリアにて山羊の乳を原料として製造し、容器に入れた後、加熱殺菌をしています。
• ○○貿易有限会社が輸入したものです。

【 ア 】	ナチュラルチーズ
原材料名	【 イ 】、食塩
内容量	100g
賞味期限	○○.○○.○○
保存方法	要冷蔵（10℃以下）
原産国名	イタリア
輸入者	○○貿易有限会社 ○○県○○市○○町○－○－○

この商品は、包装後【 ウ 】したものです。

ア.【　ア　】に入る**最も適切なもの**を、次の①〜④の中から
　　1つ選びなさい。

　　① 品名　　　　　② 名称
　　③ 種類別　　　　④ 商品名

イ.【　イ　】に入る**最も適切なもの**を、次の①〜④の中から
　　1つ選びなさい。

　　① 加工乳　　　　② 生乳
　　③ 乳製品　　　　④ 山羊乳

ウ.【　ウ　】に入る**最も適切なもの**を、次の①〜④の中から
　　1つ選びなさい。

　　① 急速冷却　　　② 加熱殺菌
　　③ 低温熟成　　　④ 真空処理

次のカップ入りのアイスクリーム類の表示について、ア～ウの問いに答えなさい。

種類別	アイスクリーム
【 ア 】	11.0%
【 イ 】	10.0%
卵脂肪分	0.8%
原材料名	牛乳（国内製造）、生クリーム、卵黄、脱脂粉乳、水あめ、砂糖、バニラビーンズ／乳化剤、安定剤（増粘多糖類）、香料、（一部に乳成分・卵・大豆を含む）
	←【 ウ 】
製造者	○○乳業株式会社 ○○県○○市○○町○－○－○

保存上の注意：ご家庭では－18℃以下で保存してください。

ア．【 ア 】に入る最も適切なものを、次の①～④の中から1つ選びなさい。

① 糖分　　　　② 無脂乳固形分
③ 水分　　　　④ 牛乳分

イ．【 イ 】に入る最も適切なものを、次の①～④の中から1つ選びなさい。

① ミネラル分　② 乳成分
③ 牛乳脂肪分　④ 乳脂肪分

ウ．【　ウ　】に入る最も適切なものを、次の①〜④の中から
　　１つ選びなさい。

①	賞味期限	○○．○○．○○
②	内容量	120ml
③	保存方法	−18℃以下で保存
④	牛乳の殺菌方法	130℃　２秒間

次の機械で製めんした乾めんの表示について、ア〜ウの問いに
答えなさい。

名称	【　ア　】
原材料名	小麦粉（国内製造）、そば粉、食塩
【　イ　】	２割
内容量	300g
賞味期限	○○．○○．○○
保存方法	直射日光、多湿を避けて保存してください。
【　ウ　】	沸騰したお湯で２〜３分ゆでてください。
製造者	○○製麺株式会社 ○○県○○市○○町○−○−○

ア．【　ア　】に入る<u>最も適切なもの</u>を、次の①〜④の中から
　　1つ選びなさい。

① 乾めん

② 即席めん

③ 干しそば

④ 手延べ干しそば

イ．【　イ　】に入る<u>最も適切なもの</u>を、次の①〜④の中から
　　1つ選びなさい。

① そば粉の配合割合

② 小麦粉の配合割合

③ 食塩の配合割合

④ 水分含有割合

ウ．【　ウ　】に入る<u>最も適切なもの</u>を、次の①〜④の中から
　　1つ選びなさい。

① 調理方法

② 使用上の注意

③ 所要時間

④ 加熱調理の必要性

次の即席めん（カップめん）の表示について、ア〜ウの問いに答えなさい。

《前提条件》
- めんは油揚げ処理により乾燥したものを使用しています。
- 調味料とかやくを添付しています。

名称	即席カップめん
原材料名	【　ア　】（小麦粉（外国製造、国内製造）、でん粉、植物油脂、食塩、植物性たん白）、かやく（油揚げ、かまぼこ、ねぎ）、添付調味料（粉末醤油、鰹節エキス、香辛料、食塩）／調味料（アミノ酸等）、炭酸カルシウム、リン酸塩（Na）、増粘多糖類、レシチン、カラメル色素、酸化防止剤（ビタミンE）、ビタミン B₂、ビタミン B₁、（一部に小麦・大豆・乳成分・ゼラチンを含む）
内容量	【　イ　】
賞味期限	外装フィルム側面に記載
保存方法	直射日光を避けて常温保存
製造者	株式会社○○食品 ○○県○○市○○町○－○－○

・【　ウ　】

ア．【　ア　】に入る<u>最も適切なもの</u>を、次の①〜④の中から1つ選びなさい。

① 乾めん　② 油揚げめん　③ うどん　④ カップめん

イ．【　イ　】に入る<u>最も適切なもの</u>を、次の①〜④の中から1つ選びなさい。

① 120g（めん 100g）　　② 120g
③ 120g（かやく 5 g）　　④ 120g（調理後 420g）

ウ.【　ウ　】に入る<u>最も適切なもの</u>を、次の①～④の中から
　１つ選びなさい。

　　① 本品はカップ入り食品です。
　　② 使用上の注意：やけどに注意してください。
　　③ 対象月齢：10か月から
　　④ 包装前加熱の有無：加熱してありません。

問 186　次の冷凍食品の表示について、ア～ウの問いに答えなさい。

《前提条件》

・この製品は、調理冷凍食品のえびフライです。
・凍結直前に加熱していないため、食前に加熱調理が必要です。
・○○冷凍食品株式会社が製造し、表示を行います。

（冷凍食品）

名称	冷凍えびフライ
原材料名	えび（インドネシア）、衣（パン粉、小麦粉、鶏卵、でん粉、砂糖、食塩、植物油脂、脱脂粉乳）
添加物	調味料（アミノ酸）、加工でん粉、ｐＨ調整剤、膨張剤
内容量	【　ア　】
賞味期限	○○．○○．○○
保存方法	－18℃以下で保存してください。
加熱調理の必要性	加熱してお召し上がりください。
【　ウ　】	○○冷凍食品㈱ ○○県○○市○○町○－○－○

←【　イ　】

【お召し上がり方】天ぷら鍋又はフライパンにたっぷり
の油を入れて、約170℃で４分間程度揚げてください。

ア.【　ア　】に入る最も適切なものを、次の①～④の中から
1つ選びなさい。

① 150g（10尾）
② 10尾
③ 約150g
④ 140g～200g

イ.【　イ　】に入る最も適切なものを、次の①～④の中から
1つ選びなさい。

①	凍結前加熱の有無	加熱してありません。
②	包装前加熱の有無	加熱してありません。
③	殺菌の有無	殺菌してありません。
④	加熱の有無	加熱してありません。

ウ.【　ウ　】に入る最も適切なものを、次の①～④の中から
1つ選びなさい。

① 輸入者　　② 製造者　　③ 販売者　　④ 発売者

問187

次のマーガリン類の表示について、ア～ウの問いに答えなさい。

《前提条件》
・食用油脂に水を加えて乳化させたもので油脂含有率80％以
上のものです。
・着色料としてβ－カロテンを使用しています。

名称	【 ア 】
原材料名	食用植物油脂（国内製造）、食用精製加工油脂、食塩、脱脂粉乳／乳化剤、香料、【 イ 】、（一部に乳成分・大豆を含む）
内容量	【 ウ 】
賞味期限	○○．○○．○○
保存方法	要冷蔵（10℃以下）
製造者	○○食品株式会社 ○○県○○市○○町○－○－○

ア．【 ア 】に入る最も適切なものを、次の①～④の中から1つ選びなさい。

① 風味ファットスプレッド

② マーガリン

③ ファットスプレッド

④ 風味マーガリン

イ．【 イ 】に入る最も適切なものを、次の①～④の中から1つ選びなさい。

① 着色料

② カロテン

③ カロテン色素

④ 色素（カロテン）

ウ．【　ウ　】に入る最も適切なものを、次の①〜④の中から
　　1つ選びなさい。

① 1個

② 120g

③ 120ml

④ 120cm³

次のレギュラーコーヒーの表示について、ア〜ウの問いに答え
なさい。

《前提条件》

• コーヒーの木の種実を精製したコーヒー生豆を焙煎した「煎
　り豆」を挽いて販売します。

• コーヒー生豆の生産国は重量の割合の高い順にコロンビア、
　ブラジルのものを使用しています。

名称	【　ア　】
原材料名	コーヒー豆（【　イ　】）
内容量	300g
賞味期限	○○．○○．○○
保存方法	直射日光・高温多湿を避けて保存してください。
使用上の注意	開封後はできるだけ早くご使用ください。
【　ウ　】	中挽き
製造者	株式会社○○珈琲 ○○県○○市○○町○−○−○

ア.【　ア　】に入る最も適切なものを、次の①～④の中から
　　1つ選びなさい。

　　　① レギュラーコーヒー
　　　② コーヒー豆
　　　③ インスタントコーヒー
　　　④ 煎り豆

イ.【　イ　】に入る最も適切なものを、次の①～④の中から
　　1つ選びなさい。

　　　① 生豆生産国名　コロンビア、ブラジル
　　　② 原産国　コロンビア、その他
　　　③ 原産国　コロンビア、ブラジル
　　　④ コロンビア、ブラジル

ウ.【　ウ　】に入る最も適切なものを、次の①～④の中から
　　1つ選びなさい。

　　　① 形状
　　　② 粗さ
　　　③ 挽き方
　　　④ 粒の大きさ

次の包装食パンの表示について、ア〜ウの問いに答えなさい。

名称	【　ア　】
原材料名	小麦粉（国内製造）、ショートニング、砂糖、牛乳、イースト、食塩
添加物	乳化剤（大豆由来）、イーストフード、ビタミンC
内容量	【　イ　】
消費期限	○○．○○．○○
保存方法	直射日光、高温多湿を避けて保存してください。
製造者	株式会社○○ベーカリー ○○県○○市○○町○−○−○

1斤6枚　【　ウ　】

ア．【　ア　】に入る最も適切なものを、次の①〜④の中から
　　1つ選びなさい。

　　① 食パン　　　　② カットパン
　　③ 菓子パン　　　④ もっちりやわらか食パン

イ．【　イ　】に入る最も適切なものを、次の①〜④の中から
　　1つ選びなさい。

　　① 360g　　② 1カット　　③ 1斤　　④ 6枚

ウ．【　ウ　】に入る最も適切なものを、次の①〜④の中から
　　1つ選びなさい。

　　① 開封後の注意：開封後はなるべく早めにお召し上がり
　　　くださ い。
　　② （1斤は340グラム未満です。）
　　③ 開封後の注意：開封後は密封して保管してください。

④ （1斤は340グラム以上です。）

 次の弁当の表示について、ア〜ウの問いに答えなさい。

《前提条件》

• 外から何が入っているか見える容器に入れられたものです。

• この商品の表示は、下記表示と栄養成分表示のみとします。

• おかずの一部に酸化防止の目的でビタミンEを使用しています。

名称	鮭弁当
原材料名	ごはん（【　ア　】）、鮭塩焼き、鶏唐揚げ、卵焼き、椎茸とこんにゃくの煮物、ほうれん草の胡麻和え、漬物／調味料（アミノ酸等）、酸味料、グリシン、ソルビット、甘味料（ステビア）、着色料（赤色3号、クチナシ）、膨張剤、水酸化Ca、【　イ　】、（一部に乳成分・卵・小麦・大豆・さけ・りんご・鶏肉・ゼラチン・ごまを含む）
【　ウ　】	○○．○○．○○　　　○○時
保存方法	20℃以下で保存してください。
製造者	○○弁当株式会社 ○○県○○市○○町○−○−○

ア．【　ア　】に入る最も適切なものを、次の①〜④の中から1つ選びなさい。

　　　① 精白米　　② 米（国産）　　③ 玄米　　④ やわらかめ

イ.【　イ　】に入る最も適切なものを、次の①〜④の中から
　　1つ選びなさい。

　　① 添加物（ビタミンE）
　　② 酸化防止剤
　　③ ビタミンE
　　④ 酸化防止剤（V.E）

ウ.【　ウ　】に入る最も適切なものを、次の①〜④の中から
　　1つ選びなさい。

　　① 賞味期限
　　② 品質保持期限
　　③ 消費期限
　　④ 製造年月日

次のレトルトパウチ食品であるベビーフードの表示について、
ア〜ウの問いに答えなさい。

《前提条件》
この商品の表示は、下記表示と栄養成分表示のみとします。

【 ア 】
○○ベビーフード（9か月頃から）
野菜うどん

名称	調理めん
原材料名	野菜（だいこん、にんじん、じゃがいも、はくさい、長ねぎ）、うどん（国内製造）（小麦を含む）、鶏挽肉、コーンスターチ、かつお節エキス、こんぶエキス、乾燥わかめ
殺菌方法	【 イ 】
内容量	100g
賞味期限	○○.○○.○○
保存方法	直射日光を避け、常温で保存してください。
製造者	○○ベビーケア株式会社 ○○県○○市○○町○○

- 9か月頃からのお子さま向けの「歯ぐきで噛める固さ」に調理しています。
- この商品は【 ウ 】です。
- お召し上がり方　○○○○
- やけどをしないようにお子さまに与える前に温度をお確かめください。
- 商品のお問い合わせ先
　○○ベビーケア株式会社　お客様相談室 0120-○○-○○

総合問題

ア.【　ア　】に入る最も適切なものを、次の①〜④の中から
　　1つ選びなさい。

　　① 幼児用医療食品
　　② 乳児用規格適用食品
　　③ 乳児用医療食品
　　④ 幼児用規格適用食品

イ.【　イ　】に入る最も適切なものを、次の①〜④の中から
　　1つ選びなさい。

　　① 気密性容器に密封後殺菌処理済
　　② 130℃ 2秒
　　③ 気密性容器に密封し加圧加熱殺菌
　　④ 加圧して高温殺菌してあります。

ウ.【　ウ　】に入る最も適切なものを、次の①〜④の中から
　　1つ選びなさい。

　　① 保存食品
　　② ベビーフード
　　③ レトルト食品
　　④ レトルトパウチ食品

次の酒類（チューハイ（レモン果汁入り））の表示について、ア〜ウの問いに答えなさい。

原材料名	レモン果汁（アメリカ製造）、レモン果皮エキス、スピリッツ、糖類／酸味料、香料、ビタミンC、炭酸ガス
【 イ 】	5%
内容量	350ml
賞味期限	缶底に表示
製造者	○○酒造株式会社 ○○県○○市○○町 ○-○-○

レモンチューハイ

【 ア 】（発泡性①）
【 イ 】 5 %
レモン果汁 20%

お酒

・【 ウ 】
・妊娠中や授乳期の飲酒は、胎児、乳児の発育に悪影響を与えるおそれがあります。

ア．【 ア 】に入る最も適切なものを、次の①〜④の中から1つ選びなさい。

① ウイスキー

② アルコール

③ 種類

④ リキュール

イ．【　イ　】に入る**最も適切なもの**を、次の①〜④の中から
　　1つ選びなさい。

　　　① アルコール分
　　　② 糖類含有量
　　　③ 果汁分
　　　④ 炭酸ガス分

ウ．【　ウ　】に入る**最も適切なもの**を、次の①〜④の中から
　　1つ選びなさい。

　　　① 20歳未満の者の飲酒は、法律で禁じられています。
　　　② 飲みすぎに注意してください。
　　　③ 飲酒運転は犯罪です。
　　　④ アルコールは気持ちをリラックスさせる効果がありま
　　　　す。

練習問題の
正答と解説

　食品の表示には、消費者に商品の持つ情報を正確に伝え、また、その商品の安全性を伝える役割があります。アレルゲン、保存方法、消費・賞味期限などの表示は食品の安全性を伝える表示事項です。そして万が一商品に問題が起こった際には原因究明や製品回収の対策を迅速、かつ的確に行うための手掛かりとなります。

認定テキスト1－1

　食品表示法に違反した場合、表示の責任者である食品関連事業者は厳しい行政処分や罰則を受けることになります。事業者名の公表のほかにも、違反の内容によって、罰金や懲役刑がそれぞれ定められています。

認定テキスト1－1

　食品の表示は、消費者が食品を納得して選択する際の重要な情報源であると同時に、問題が起こった際の原因究明や製品回収等の手掛かりとなります。

認定テキスト1－1

　アレルギー表示は、その食品にアレルゲンである特定原材料等が含まれているかどうかを消費者に伝えるものです。アレルゲンは微量であってもアレルギー症状を引き起こすことがあるため、「特定原材料等を原材料として含む」ことだけでなく「その食品に含まれる添加物が特定原材料等に由来する」ことも消費者に向けて表示する必要があります。

認定テキスト1－1、3－3－2

5 正答 ③ チェック欄 ☐☐☐

　なたね油は、組み換えられた DNA 及びこれによって生じたたんぱく質が加工工程で除去・分解され検出不能なため、遺伝子組換え食品の義務表示の対象食品には含まれていません。そのためなたね油の義務表示だけでは「遺伝子組換え」の有無の確認はできません。ただし、任意で遺伝子組換えについて表示している商品もあります。　認定テキスト1−1、3−3−3

6 正答 ① チェック欄 ☐☐☐

　「消費期限」とは、品質が急速に劣化する食品に表示される期限です。比較的品質が劣化しにくいレトルトパウチ食品は「賞味期限」を表示します。　　　　　　　　　　　　　　　　　　　　　　認定テキスト1−1、3−7

7 正答 ③ チェック欄 ☐☐☐

　機能性表示食品への、疾病の治療効果又は予防効果を標榜する用語の表示は禁止されています。また、医薬品を思わせるような表示は、薬機法（医薬品、医療機器等の品質、有効性及び安全性の確保等に関する法律）により、未承認の医薬品として取り締まりの対象となります。
認定テキスト3−13、5−1

8 正答 ① チェック欄 ☐☐☐

　食品衛生法は、飲食に起因する衛生上の危害の発生を防止し、国民の健康の保護を図ることを目的としています。優良誤認や有利誤認といった不当表示を禁止しているのは、景品表示法です。　　　　認定テキスト1−2

練習問題の正答と解説

9 正答 ③

食品表示法において「食品」は、食品衛生法に規定する添加物や酒税法に規定する酒類を含むすべての飲食物をいいます。ただし、薬機法に規定する医薬品及び医薬部外品を除きます。　認定テキスト1－2、1－3

10 正答 ①

牛トレーサビリティ法では、国内で生まれ飼養されたすべての牛と、生体のままで日本に輸入され飼養された牛から得られた肉が対象となります。ただし、それらの牛から得られた肉であっても内臓肉、挽肉、複数個体からなるこま切れなどは対象外となります。　認定テキスト1－2、1－5

11 正答 ③

食品衛生法に規定する添加物や酒税法に規定する酒類は、食品表示法における食品に該当しますが、薬機法に規定する医薬品及び医薬部外品は、食品表示法における食品に該当しません。　認定テキスト1－2、1－3

12 正答 ③

景品表示法の対象は、一般消費者向けに販売される商品の表示及びその広告活動すべてであり、インターネット販売における不当表示も規制の対象としています。　認定テキスト1－2

13 正答 ③

食品関連事業者以外の販売者とは、小学校のバザーで袋詰めのクッキーを販売する保護者や、町内会の祭りで瓶詰めの手作りジャムを販売する町内会の役員等、反復継続性のない販売を行う者を指します。食品関連事業

者以外の販売者が販売する場合であっても、消費者の安全性に関わる情報については、表示が必要です。

認定テキスト1－3

14　正答　②　チェック欄 □□□

調整とは、一定の作為は加えるが、加工には至らないものをいいます。例えば、収穫後の作業の一環として行われる大豆の乾燥行為などをいいます。

認定テキスト1－3

15　正答　①　チェック欄 □□□

「牛ロース」「牛カルビ」は生鮮食品ですが、「牛塩タン」は塩で調味しているので加工食品となり、生鮮食品と加工食品を一緒に包装したものは加工食品としての表示をすることになります。また、「殻付き鶏卵」は流通業界で日配品（デイリー食品）として扱われることが多く、加工食品と誤解されがちですが、生鮮食品です。

認定テキスト1－3

16　正答　①　チェック欄 □□□

加工食品とは「製造又は加工された食品」と定義されており、調味や加熱等の処理をしたものが該当します。牛乳は、生鮮食品である生乳を加熱殺菌処理した加工食品です。また、合挽肉や、刺身盛り合わせのように複数種類の生鮮食品を切断して混ぜ合わせたものは加工食品として取り扱われます。一方、精米は豆類、鶏卵などと同様、生鮮食品として取り扱われます。

認定テキスト1－3、2－2－3

17　正答　②　チェック欄 □□□

複数の種類の果物を単に箱詰めしたものは、生鮮食品に該当します。このため、それぞれの名称と原産地の表示が必要です。ただし、複数の種類

のカットフルーツを盛り合わせたものは加工食品となります。

認定テキスト1－3、2－2－2

18　正答　②　　チェック欄 ☐ ☐ ☐

「単品の食品を単に切断したもの」「単に食品を冷凍したもの」「同一の種類の食品で部位の違うものを盛り合わせたもの」は生鮮食品に該当します。なお、カットされていない複数種類の生鮮食品の詰め合わせは生鮮食品、カットされた複数種類の生鮮食品の盛り合わせは加工食品となります。

認定テキスト1－3、2－2－2

19　正答　②　　チェック欄 ☐ ☐ ☐

「容器包装されている」とは、そのままの状態で顧客に引き渡せる状態になっているものを指し、ネット袋などによる包装や、袋を輪ゴムやホチキスでとめたものも含みます。

認定テキスト1－3

20　正答　④　　チェック欄 ☐ ☐ ☐

製造場所で直接販売される容器包装された加工食品は、原材料等については店員に尋ねることができるので表示の必要はありません。ただし、その加工食品にアレルゲンが含まれているかどうか、また期限表示や保存の方法、飲食に供する際に加熱を要するかどうかなどの安全に関わる事項は表示が必要です。

認定テキスト1－3

21　正答　③　　チェック欄 ☐ ☐ ☐

業務用添加物についても、アレルゲンや使用方法等の表示が義務付けられています。また、表示の媒体は、例外的に送り状、納品書、規格書等への記載が認められていますが、安全性に関する情報の表示は、原則として

容器包装の見やすい場所に表示しなければなりません。 認定テキスト1−4

22 　正答　③ 　　　　　　　チェック欄 □ □ □

　トレーサビリティとは、生産、製造・加工、流通、小売の各段階で、原材料や製品の入出荷状況について「いつ、どこから・どこへ、何を、どれだけ」といった個々の記録を残し、食品の移動を把握していくことです。

認定テキスト1−5

23 　正答　② 　　　　　　　チェック欄 □ □ □

　国内で飼養された牛の肉には個体識別番号を表示します。容器包装に入れられて販売される場合にはその容器包装又は店舗の見やすい位置に表示が必要です。また、量り売りでは、ショーケースや店頭に個体識別番号を表示し、「焼肉」「しゃぶしゃぶ」「すき焼き」「ステーキ」の専門店（特定料理提供業者）では、店頭、メニュー等に個体識別番号を表示する義務があります。　　　　　　　認定テキスト1−2、1−5、2−3−1、4−28−2

24 　正答　④ 　　　　　　　チェック欄 □ □ □

　米トレーサビリティ法では、米の産地情報を伝達することと定められています。外食産業においてはメニューや店頭に米の産地情報を表示する以外にも、店員により口頭で消費者に伝達することが認められています。その場合は、対応マニュアル等を定め、従業員が産地情報を正しく伝達できるようにすることが必要です。　　　　　　認定テキスト1−5、4−28−2

25 　正答　① 　　　　　　　チェック欄 □ □ □

　生鮮食品は「加工食品及び添加物以外の食品」と定義されています。生鮮食品には農産物、畜産物、水産物のような一次産品が含まれており、該

練習問題の正答と解説

当する主な食品は次の通りです。

分類	生鮮食品に該当する主な食品
農産物	米穀、麦類、雑穀、豆類、野菜、果実、その他の農産食品
畜産物	食肉、生乳、食用鳥卵、その他の畜産食品
水産物	魚類、貝類、水産動物類、海産ほ乳動物類、海藻類

認定テキスト2－1

26 正答 ②　　チェック欄 □ □ □

　農産物、畜産物、水産物のような「一次産品」は生鮮食品です。この一次産品を加工したものについては二次産品となります。なお、単に凍結した農産物等は生鮮食品ですが、凍結する前にブランチング（品質を維持するための加熱）をした場合には加工食品になります。　認定テキスト2－1

27 正答 ③　　チェック欄 □ □ □

　生鮮食品には横断的義務表示として、「名称」「原産地」が必要となります。ただし、外食等その場で飲食させる場合、容器包装に入れないで生産場所で販売する場合、不特定もしくは多数の者に対して譲渡する場合は、表示対象外です。容器包装又は商品に隣接した箇所にプライスカードや立て札、POP等で表示します。　認定テキスト1－3、2－1

28 正答 ①　　チェック欄 □ □ □

　「越前がに」「関さば」はブランド名（商品名）であり、生鮮水産物の名称として使用することはできません。「魚介類の名称のガイドライン」にある、標準和名で表示することが基本となります。　認定テキスト2－4

29 正答 ①

チェック欄 ☐ ☐ ☐

　輸入生鮮食品の原産国表示において、農産物は国名ではなく、一般的に知られている地名を表示することができます。アメリカの州名（カリフォルニア、フロリダ等）、中国の省名（山東省、福建省等）などが該当します。ただし、米穀については国名を併記することが必要です。一方、畜産物の輸入品は原産国名を表示することとされており、一般的に知られている地名を表示することはできません。また、水産物の輸入品も原産国名を表示しますが、併せて水域名の記載をすることはできます。

認定テキスト2－1、2－2－1

30 正答 ②

チェック欄 ☐ ☐ ☐

　ばれいしょは、発芽防止の目的で放射線照射が認められていますが、他の食品には認められていません。また、放射線照射を行ったものを容器包装に入れて販売する場合には「ガンマ線照射済」等とその旨を表示することも義務付けられています。

認定テキスト2－1

31 正答 ③

チェック欄 ☐ ☐ ☐

　しいたけの栽培方法にはほた木に菌を植え付ける「原木栽培」とオガクズ等に栄養分を混ぜたものに菌を植え付ける「菌床栽培」があります。生産されたしいたけの品質に違いがあるため、どちらの栽培方法であるか表示する必要があります。また、いずれも種菌を植え付けた場所を原産地として表示します。

認定テキスト2－2－1

32 正答 ①

チェック欄 ☐ ☐ ☐

　2015年（平成27年）6月12日より、食品衛生法に基づき、豚の食肉や内臓を生食用として販売・提供することが禁止されました。

・豚の食肉や内臓は「加熱用」として販売・提供しなければなりません。
・外食店で豚の食肉や内臓を提供する場合には、中心部まで十分な加熱が必要である旨の情報を提供しなければなりません。
・豚の食肉や内臓を使用して、食品を製造、加工又は調理する場合は、中心部まで十分に加熱しなければなりません。　　認定テキスト4−28−2

33　正答　③　チェック欄 ☐☐☐

　防かび目的で使用した添加物については、用途名（防かび剤又は防ばい剤）と物質名を併記して表示します。

　例：防かび剤（イマザリル）、防ばい剤（イマザリル）

認定テキスト2−2−2、3−4

34　正答　②　チェック欄 ☐☐☐

　輸入した精米で、精米時期が不明な場合は「輸入時期」を表示します。なお、輸入した玄米で調製時期が不明な場合も「輸入時期」を表示します。

認定テキスト2−2−3

35　正答　①　チェック欄 ☐☐☐

　単一原料米とは、「産地、品種及び産年が同一であり、かつ、その根拠を示す資料を保管しているもの」をいいます。　　認定テキスト2−2−3

36　正答　②　チェック欄 ☐☐☐

　日本国内で販売される食品の原産国の表示は邦文で行うことが義務となっています。そのため輸入した生鮮食品の原産地表示は、「US産」のようにアルファベットを用いた用語で表示することはできません。「アメリカ産」や「米国産」などと表示します。　　認定テキスト2−3−1

（関連情報）　2017年（平成29年）9月1日に改正された加工食品の原料原産地表示の「大括り表示」では「EU産」「NAFTA産」「ASEAN産」と表示することも認められています。　　　　　　　　　　　　　　　　出所：食品表示基準Q&A

37　正答　①　　　チェック欄 □□□

食肉の名称を公正競争規約に基づいて表示する際には、「食肉の種類」（牛、豚、鶏等）と「部位」（もも、かた、サーロイン等）を組み合わせ、「鶏もも肉」「牛サーロイン」のように表示します。認定テキスト2-3-1

（関連情報）　牛肉及び豚肉の部位名の表示は、農林水産省畜産局長通達の「食肉小売品質基準」でも表示することが指導されています。

38　正答　①　　　チェック欄 □□□

地鶏肉のJASでは「素びなについて在来種の血が50％以上のもので、出生の証明ができること」や「飼育期間」「飼育方法」「飼育密度」が定められています。　　　　　　　　　　　　　　　　　認定テキスト2-3-1

39　正答　③　　　チェック欄 □□□

生食用の鶏の殻付き卵については、生食用である旨を表示することとし、併せて、賞味期限経過後は飲食に供する際に十分に加熱調理（加熱殺菌）する必要がある旨も記載します。通常、賞味期限はおいしく食べられる期限を示すものとされていますが、鶏卵に関しては生で食べられる期限を表しています。　　　　　　　　　　　　　　認定テキスト2-3-2

40　正答　②　　　チェック欄 □□□

魚介類の名称は、「消費者庁 食品表示基準Q&A」の「魚介類の名称の

115

ガイドライン」に従い表示します。ガイドラインには法的強制力はないものの、その表示内容を消費者に正確でわかりやすく伝えるためのルールです。

41 正答 ②

チェック欄 □ □ □

生食用の鮮魚介類（刺身等）で容器包装されたものには「生食用である旨」を表示します。具体的には「生食用」「刺身用」「お刺身」等と表示します。

認定テキスト2-4

42 正答 ③

チェック欄 □ □ □

同種の生鮮食品を混合したものは生鮮食品として、「名称」「原産地」を表示します。複数の原産地のものを混合した場合は、その製品に占める重量の割合の高いものから順に原産地を表示します。

認定テキスト2-1

43 正答 ④

チェック欄 □ □ □

生鮮食品の精米表示で単一原料米と表示ができるのは、「産地、品種及び産年が同一である原料玄米で、当該原料玄米の産地、品種及び産年について根拠を示す資料を保管しているもの」と定められています。産年が異なった場合には単一とはいえません。

認定テキスト2-2-3

44 正答 ④

チェック欄 □ □ □

「新米」と表示できるのは、原料玄米が生産された年の12月31日までに容器包装に入れられた玄米、又は原料玄米が生産された年の12月31日までに精白され、容器包装に入れられた精米に限定されています。

認定テキスト2-2-3

45　正答　③

　畜産物は家畜が生まれた国にかかわらず、最も長く飼養された国が原産地となります。
認定テキスト2-3-1

46　正答　②

　選別包装者の欄には、卵を採卵又は重量及び品質ごとに選別し包装した者の氏名又は名称と、その施設の所在地を表示します。電話番号の表示は任意で必ずしも表示しなければならないものではありません。

認定テキスト2-3-2

47　正答　③

　輸入した生鮮水産物の原産地については、「原産国名」を表示します。ただし、原産国名に水域名を併記することができます。なお、国産の生鮮水産物の原産地については、水域名又は地域名（主たる養殖場が属する都道府県名をいう。）を表示します。
認定テキスト2-4

48　正答　②

　有機農産物の生産方法の基準では、種まき又は植え付けをする2年以上（多年生作物は収穫前3年以上）前から化学合成農薬、化学肥料を使っていない土地で栽培することとされています。
認定テキスト2-5

49　正答　③

　「特別栽培農産物に係る表示ガイドライン」により、「無農薬」だけでなく「無化学肥料」「減農薬」「減化学肥料」の表示も禁止されています。「減農薬」「減化学肥料」の表示は削減の比較基準、割合や対象（残留農薬な

のか、使用回数なのか）がわかりにくいため表示することができません。

認定テキスト2-5

---

50 正答 ③　　　　　　チェック欄 ☐☐☐

　生しいたけには、「名称」「原産地」のほかに「栽培方法」を表示します。栽培方法には、「原木栽培」と「菌床栽培」の2種類があります。

認定テキスト2-2-1

---

51 正答 ①　　　　　　チェック欄 ☐☐☐

　干し柿は生鮮食品ではなく、加工食品として取り扱われます。食品表示基準により加工食品に義務付けられた表示事項を容器包装に表示する必要があります。

認定テキスト1-3、4-2

---

52 正答 ③　　　　　　チェック欄 ☐☐☐

　国産の生鮮農産物の原産地については、収穫された都道府県名（長野県、北海道等）で表示します。市町村名のほか、一般に知られている地名で表示することもできますが、都道府県より広い地域を指す九州といった表示はできません。

認定テキスト2-2-1、2-2-2

---

53 正答 ①　　　　　　チェック欄 ☐☐☐

　「牛」「牛肉」「ビーフ」等と食肉の種類（畜種）を表示する必要があります。

認定テキスト2-3-1

---

54 正答 ③　　　　　　チェック欄 ☐☐☐

　国産牛には、牛の個体を識別するための10桁の個体識別番号を容器包

装、又は店舗の見やすい位置に表示します。（この設問のように、売り場にその他の表示がない場合は選択肢のような立て札に表示することになります。）表示の対象となるのは、国内で生まれ飼養された牛すべてと、生体のままで日本に輸入し飼養された牛から得られた牛肉です。国内で飼養していない輸入牛肉は対象外です。また、国内で飼養された牛でもレバー等の内臓肉、舌、挽肉、複数の牛の肉からなるこま切れ、切り落とし等は対象外となります。

認定テキスト1-2、1-5、2-3-1

55　正答　① 　　　チェック欄　☐☐☐

輸入された畜産物の原産地については原産国名を表示することとされており、一般的に知られている地名（州名など）を表示することはできません。

認定テキスト2-3-1

56　正答　① 　　　チェック欄　☐☐☐

「和牛」と表示することができるのは「和牛等特色ある食肉の表示に関するガイドライン」で定められた品種であって、国内で生まれ、国内で飼養した牛の肉です。同じ品種でも海外で飼養した牛の肉には「和牛」と表示することはできません。

認定テキスト2-3-1

57　正答　① 　　　チェック欄　☐☐☐

国産の生鮮水産物の原産地については、水域名又は地域名を表示します。地域名とは主たる養殖場が属する都道府県名をいいます。なお、近海、遠洋といった表示は、具体的な水域名を示すものでないことから不適切です。

認定テキスト2-4

58 正答 ② チェック欄 ☐ ☐ ☐

「越前がに」はブランド名（商品名）であり、「魚介類の名称のガイドライン」により、生鮮水産物の名称として使用することはできません。

認定テキスト2−4

59 正答 ① チェック欄 ☐ ☐ ☐

国産の生鮮水産物の原産地については、水域名又は地域名（主たる養殖場が属する都道府県名をいう。）を表示します。「国産」と表示することはできません。

認定テキスト2−4

60 正答 ② チェック欄 ☐ ☐ ☐

国産の農産物の原産地は、都道府県名、又は市町村名、一般に知られている地名で表示します。

なお、「とうきび」などの地域特有の名称は、その名称が一般に理解されると考えられる地域であれば使用することができます。

認定テキスト2−1

61 正答 ② チェック欄 ☐ ☐ ☐

有機JASマークを付し、有機農産物として販売するものの名称については、「有機○○」や「オーガニック○○」等、有機農産物である旨を表示します。

認定テキスト2−5

62 正答 ③ チェック欄 ☐ ☐ ☐

以下の8種類の用途で使用した添加物には物質名に用途名を併記する必要があります。

①甘味料　②着色料　③保存料　④増粘剤・安定剤・ゲル化剤又は糊料
⑤酸化防止剤　⑥発色剤　⑦漂白剤　⑧防かび剤（防ばい剤）

　防かび剤を使用した果物を容器包装に入れて販売する場合は、容器包装に「防かび剤（チアベンダゾール）使用」等と表示します。

認定テキスト2-2-2、3-4

63　正答　③　　チェック欄　□□□

　生鮮農産物の原産地について、国産については収穫された都道府県名を、輸入品については原産国名（又は一般に知られている地名としてアメリカの州名、中国の省名等）を表示します。複数の種類の果物を詰め合わせた製品は、生鮮食品に該当するため同様のルールで、原産地を各果物の名称に併記します。認定テキスト2-2-1、2-2-2

64　正答　①　　チェック欄　□□□

　輸入した農産物の原産地は、一般的に知られている地名を表示することができますが、米穀の場合は国名も併せて表示することとされています。このため、「アメリカ・カリフォルニア州」などと表示します。

認定テキスト2-2-3

65　正答　③　　チェック欄　□□□

　容器包装に入れられた生鮮畜産物は特定商品に該当するため、内容量を質量（グラム又はキログラム）で表示します。　認定テキスト2-3-1

66　正答　①　　チェック欄　□□□

　冷凍した状態で仕入れた食肉、又は小売販売業者が冷凍した食肉には、食肉の公正競争規約に基づき、「冷凍」「フローズン」、解凍したものは「解

凍品」等と表示します。ただし鶏肉の場合、凍結品は「凍結品」、解凍品は「解凍品」と表示します。 認定テキスト2－3－1

67 正答 ③

チェック欄 □ □ □

生食用の生鮮魚介類には、具体的な保存温度として、10℃以下で保存する旨を表示します。 認定テキスト2－4

68 正答 ③

チェック欄 □ □ □

鮮魚介類を生食用（刺身用）として容器包装した場合、食品関連事業者の事項名は「加工者」として、その名称と所在地を表示します。

認定テキスト2－4

69 正答 ①

チェック欄 □ □ □

水産物の表示において、冷凍品を解凍したものには「冷凍」ではなく「解凍」と表示します。 認定テキスト2－4

70 正答 ①

チェック欄 □ □ □

複合原材料の原材料を表示する際、複合原材料の中の重量の割合が3位以下で、かつ複合原材料に占める割合が5％未満であるものは、まとめて「その他」と表示することができます。

里芋（45％）、人参（30％）、ごぼう（20％）、しょうゆ、みりん、砂糖を使った煮物の例

→煮物（里芋、人参、ごぼう、その他）

この場合の「ごぼう」は3位以下ですが、複合原材料に占める割合が5％以上であるため、「その他」と表示することはできません。

認定テキスト3－3－1

71　正答　①

チェック欄 □ □ □

表示可能面積の $30cm^2$ 以下とは、貼付するラベルの面積ではなく、表示しても判読が困難な部分（包装の重なり部分や、キャンデー等の「ひねり」の部分等）を除いた容器包装の表面積をいいます。

ただしその場合でも、「名称」「保存方法」「消費期限又は賞味期限」「表示責任者」「アレルゲン」「L－フェニルアラニン化合物を含む旨」は、省略できません。

認定テキスト3－1

72　正答　②

チェック欄 □ □ □

すでに製造・加工された2種類以上の原材料からできている原材料のことを「複合原材料」といいます。複合原材料を新たに製造する製品の原材料として使用する場合には、仕入れた「複合原材料名」で表示することが原則となっています。

認定テキスト3－3－1

73　正答　③

チェック欄 □ □ □

症例数や重篤な症例の数が継続して相当数あるものの、特定原材料に比べると少ないものについて「特定原材料に準ずるもの」として表示が推奨されています。2022年10月1日現在、アーモンド、あわび、いか、いくら、オレンジ、カシューナッツ、キウイフルーツ、牛肉、くるみ、ごま、さけ、さば、大豆、鶏肉、バナナ、豚肉、まつたけ、もも、やまいも、りんご、ゼラチンが「特定原材料に準ずるもの」と定められています。

認定テキスト3－3－2

74　正答　③

チェック欄 □ □ □

原材料に含まれるアレルゲンを一括して表示する際は以下のルールに則って表示します。

①「（一部に○○を含む）」のように表示する

②複数のアレルゲンは「・（ナカグロ）」でつなげて表示する

③「～を含む」と表示する場合、乳については「乳成分」と表示する

④原材料に含まれるすべてのアレルゲンを表示する（原材料や代替表記で
表示されているものも含む）　　　　　　　　　認定テキスト3-3-2

75　正答　①　チェック欄 □ □ □

　遺伝子組換え表示の対象となる農産物は、「分別生産流通管理」により、
「遺伝子組換え農産物を分別したもの」と「非遺伝子組換え農産物を分別
したもの」「分別していないもの」の3つに区分されます。

認定テキスト3-3-3

76　正答　③　チェック欄 □ □ □

　義務表示の対象となるのは、下記のものとなります。

①食品としての安全性が確認されている9農産物

②①を主原料とし、組み換えられたDNA又はこれによって生じたたんぱ
く質が検出できる加工食品33食品群

③ステアリドン酸産生遺伝子組換え大豆や、高リシン遺伝子組換えとうも
ろこしのように、組み換えられたDNA又はこれによって生じたたんぱ
く質以外にも、従来のものと異なる形質のある農産物及びこれらを原材
料として使用し、その形質を残した加工食品　　認定テキスト3-3-3

77　正答　①　チェック欄 □ □ □

　遺伝子組換え食品の義務表示の対象となっている農作物は、大豆、とう
もろこし、ばれいしょ、なたね、綿実、アルファルファ、てん菜、パパイ
ヤ、からしなの9種です。また、組み換えられたDNA又はこれによって
生じたたんぱく質が検出できる33の加工食品群にあっては、遺伝子組換

え農作物が原材料に占める割合が上位3位以内かつ、原材料及び添加物の重量に占める割合が5%以上の場合、遺伝子組換え表示が必要となります。

認定テキスト3－3－3

78 正答 ② チェック欄 □□□

組成や栄養価が従来の農産物と同じである遺伝子組換え農産物を原材料とした食品の場合、組み換えられたDNA及びこれによって生じたたんぱく質が、加工工程後に除去・分解される加工食品は、遺伝子組換え食品の義務表示の対象食品ではありません。例として、とうもろこしの場合「水飴」「液糖」「コーン油」、大豆の場合「しょうゆ」「大豆油」、なたねの場合「なたね油」、綿実の場合「綿実油」、てん菜の場合「砂糖」などは遺伝子組換え食品の義務表示の対象食品ではありません。

認定テキスト3－3－3、4－4

79 正答 ② チェック欄 □□□

添加物は食品衛生法により定義されています。食品衛生法に基づいて、厚生労働大臣に指定を受けた添加物（指定添加物）、長年使用されていた実績があるものとして厚生労働大臣が認めたもの（既存添加物）、天然香料、一般飲食物添加物があります。

認定テキスト3－4

80 正答 ② チェック欄 □□□

消費者の商品選択に役立てるため、下記の8種類の用途で使用する添加物には、物質名に加えて用途名の表示が必要です。

①甘味料　②着色料　③保存料　④増粘剤・安定剤・ゲル化剤又は糊料　⑤酸化防止剤　⑥発色剤　⑦漂白剤　⑧防かび剤（防ばい剤）

ただし②の着色料の場合、表示する物質名に「色」の文字があれば用途名「着色料」の併記は省略することができます。

認定テキスト3－4

　22 の食品群のうち、製品の原材料及び添加物に占める単一の農畜水産物の重量の割合が50％以上である食品は、従来の22 の食品群の原料原産地表示ルール（国別重量順）で表示し、50％未満の場合は他の加工食品と同様のルールでその対象原材料について原料原産地表示を行います。

認定テキスト3－5

　内容量を重量や容量で表示して販売する場合に、表示した量と実際の量との差が、政令で定めた誤差を超えないように管理する必要のある29 種類の商品を「特定商品」と呼び、この特定商品には灯油等食品以外の商品も含まれています。

　計量法ではその中から密封して販売する際に内容量等の表示義務のある商品を定めており、密封して販売する際に内容量等の表示義務のある商品の内容量の表示単位は、重量であれば「グラム（g）、キログラム（kg）」、容量であれば「ミリリットル（ml）、リットル（L）」を使用します。

　なお、密封して販売する際に内容量等の表示義務のある商品以外のものは「個数」の単位で表示することも認められています。　認定テキスト3－6

　固形物にシラップ等の充填液を加えた缶詰・瓶詰にあっては、内容量に代えて、固形量及び内容総量をそれぞれ「グラム（g）」や「キログラム（kg）」等の単位で、単位を明記して表示します。（固形量の管理が困難な場合を除く。）固形量と内容総量がおおむね同一の場合又は充填液を加える主たる目的が内容物を保護するためである場合は、内容総量の表示を省略することができます。

例：桃缶詰の表示例の該当部分

原材料名	白桃（国産）、砂糖
固形量	160g
内容総量	250g
賞味期限	○○○○.○○.○○

認定テキスト4－19

84　正答　①　チェック欄 □□□

　製造から期限が3か月を超えるものについては、「20××年○月」のように「年月」で表示することができます。この場合、表示した月の月末までが賞味期限となります。このため、本来の賞味期限が20××年4月15日である場合、「20××年3月」と表示することになります。

認定テキスト3－7

85　正答　③　チェック欄 □□□

　以下の食品は長期間の保存に耐え得るものとして食品表示基準において期限表示を省略できるとされていますが、この中で、うま味調味料は保存方法の表示を省略することができません。

　期限表示の省略が認められている食品

・でん粉　・チューインガム　・冷菓　・砂糖　・アイスクリーム類
・食塩　・うま味調味料　・酒類　・飲料水及び清涼飲料水（ガラス瓶入りのもの（紙栓を付けたものを除く。）又はポリエチレン製容器入りのものに限る。）　・氷

認定テキスト3－7、3－8

86　正答　③　チェック欄 □□□

食品表示基準により、輸入したすべての加工食品に「原産国名」を表示

練習問題の正答と解説

127

します。輸入した加工食品とは次のものをいいます。

①容器包装され、そのままの形態で消費者に販売される商品（製品輸入）

②バルクの状態（包装されないバラの状態）で輸入されたものを、国内で小分けし容器包装した製品

③製品輸入されたものを、国内で詰め合わせした製品

④輸入された製品で、商品の内容について実質的な変更をもたらす行為（濃縮果汁を還元果汁まで希釈等）をしていない製品

　一方で、原料原産地とは、「加工食品の原料として使われた一次産品の原産地、もしくは中間加工原材料の製造地」をいいます。

認定テキスト3－9

87　正答　②　チェック欄 ☐ ☐ ☐

　食品関連事業者の表示は、製造業者と合意の上で「販売者」が表示を行うことができ、その場合は、実際に製造や加工を行った場所である「製造所」又は「加工所」を併せて表示します。同一製品を2つ以上の工場等で製造する場合は、製造所固有記号を消費者庁に届出し、「販売者」と「製造所固有記号」で表示することもできますが、飲用乳及び乳製品等についてこの方法は認められていません。　認定テキスト3－10、4－7、4－8

88　正答　①　チェック欄 ☐ ☐ ☐

　特色のある原材料の割合表示は、使用割合が100％である場合に限り、割合表示を省略することが可能で、「〇〇使用」とのみ表示することができます。なお、割合表示を行う場合はもちろん、割合表示を省略する場合であっても、その根拠（100％使用であること等）を明確に証明できることが必要です。

認定テキスト3－12

　外食店における米の産地情報の伝達の義務のある米飯類とは、「米穀に
ついてあらかじめ加熱による調理その他の調製をしたものであって粒状の
もの（これを含む料理その他の飲食料品を含む。）」をいい、いわゆる「米
飯類」として食べることを前提としたもので、「白飯」「おかゆ」「ピラフ」
「チャーハン」等を念頭においています。なお、小売店で販売する場合で
も、「きりたんぽ」「ポン菓子」「五平餅」「おはぎ」等は産地の情報伝達の
必要はありません。　　　　　　　　　　　　　　認定テキスト1-5、4-28-2

　外食・中食において、主な原材料の産地情報を提供する際、輸入した水
産物については、「生産した水域名」を表示する場合でも、消費者にわか
りやすいように、水域名と原産国名を併記します。認定テキスト4-28-3

　国内で製造された加工食品には、原材料に占める重量の割合が最も高い
原材料（対象原材料）の原料原産地名を表示します。カット野菜は、従来
原料原産地表示義務のあった22の食品群のうちの1つであるため、対象
原材料の重量の割合が50％以上である場合は、従来の22の食品群の原料
原産地表示ルールに従って国別重量順で表示します。また50％未満の場
合は新しい原料原産地表示の基本ルールに従って表示します。

　　　　　　　　　　　　　　　　認定テキスト2-2-1、3-5、4-1

　米トレーサビリティ法では国内で製造されたもの、外国で製造されたも
ののいずれであっても、米こうじ、もち、だんご等の指定米穀等の販売・

練習問題の正答と解説

提供について、原材料として使用した米の産地情報の伝達を義務付けています。

93　正答　②　　　　　　　　　　チェック欄 □ □ □

　乳及び乳製品については、事項名を「種類別」として、食品衛生法に基づく乳等省令（「乳及び乳製品の成分規格等に関する省令」）の定義に従った種類別を表示します。なお、事項名は「種類別」に代えて「種類別名称」と表示することができます。　　　　　　　　認定テキスト4−7、4−8

94　正答　③　　　　　　　　　　チェック欄 □ □ □

　食品表示基準により、添加物は原材料と区分して、添加物欄を設けて別々に記載することが原則となっています。スペースが小さいなどの理由で添加物欄を設けることができない場合は原材料名欄の原材料名のうしろに「／（スラッシュ）」で区切りを入れる、改行して区切る又は原材料名欄を横線で区切る等、明確に区分して表示します。　認定テキスト3−3−1

95　正答　③　　　　　　　　　　チェック欄 □ □ □

　複合原材料の原材料のうち、重量の割合が3位以下で、かつ複合原材料に占める割合が5％未満の原材料は、まとめて「その他」と表示することができますが、表示を省略することはできません。

認定テキスト3−3−1

96　正答　③　　　　　　　　　　チェック欄 □ □ □

　コンタミネーションについては、表示義務はありません。しかし、食物アレルギーは微量のアレルゲンによっても発症することがあるので、コンタミネーションの防止策の徹底を図ってもなおコンタミネーションの可能

性が排除できない場合については、アレルギー疾患を有する者に対する注意喚起表記を明確に行うことが推奨されています。その際は、別記様式の枠外に「本品製造工場では○○（特定原材料等の名称）を含む製品を生産しています。」等と表示します。 認定テキスト3－3－2

97　正答　② チェック欄 ☐ ☐ ☐

　使用したアレルゲンを一括して表示する場合には、原材料として表示されているアレルゲンを含め、すべてまとめて表示する必要があります。これは、一括表示を見ることで、その食品に含まれるすべてのアレルゲンを確認することができるように配慮したものです。 認定テキスト3－3－2

98　正答　③ チェック欄 ☐ ☐ ☐

　アレルゲンの「個別表示」を行うにあたって、同じアレルゲンを重複して使用している場合、アレルゲンとしては1か所に表示していれば2つ目以降は省略することができます。

例：省略しない場合

原材料名	食用植物油脂（なたね油、ごま油）、ゴマ、マヨネーズ（大豆・卵・小麦を含む）、醤油（大豆・小麦を含む）、たん白加水分解物（大豆を含む）、卵黄（卵を含む）、食塩
添加物	調味料（アミノ酸等）、乳化剤（大豆由来）

例：省略する場合

原材料名	食用植物油脂（なたね油、ごま油）、ゴマ、マヨネーズ（大豆・卵・小麦を含む）、醤油、たん白加水分解物、卵黄、食塩
添加物	調味料（アミノ酸等）、乳化剤

認定テキスト3－3－2

練習問題の正答と解説

しょうゆの小麦と大豆、みその大豆、卵殻カルシウムの卵などは、抗原性が認められないとまではいえませんが、一般的にアレルゲンが含まれていても摂取可能といわれている食品です。同じアレルゲンを重複して使用しているうちの1つがこれらの食品の場合、繰り返しになるアレルギー表示の省略は以下のようにすることが望ましいとされています。

① 一般的に摂取可能といわれている食品以外の同一の特定原材料が含まれる原材料に含む旨を表示する。

② 一般的に摂取可能といわれている食品にアレルギー表示をする場合は、その他の原材料にも同一の特定原材料が含まれる旨を、枠外近接箇所に表示する。

出所：食品表示基準Q&A

99 正答 ③ チェック欄 ☐ ☐ ☐

食品表示法の施行以前は、マヨネーズ等は「特定加工食品」としてアレルギー表示を省略することができましたが、マヨネーズに卵が入っていることを知らずに摂取したという事故事例があることなどから、食品表示基準において、特定加工食品の制度は廃止されています。したがって、「マヨネーズ（卵を含む）」等とアレルギー表示をする必要があります。「パン」や「うどん」も同様で「パン（小麦を含む）」「うどん（小麦を含む）」等とアレルギー表示をする必要があります。 認定テキスト3-3-2

100 正答 ① チェック欄 ☐ ☐ ☐

一般に食品として飲食に供されているもので、添加物として使用するものは「一般飲食物添加物」といいます。 認定テキスト3-4

101 正答 ③ チェック欄 ☐ ☐ ☐

原料原産地名の表示において、原材料が国内産である場合は「国産である旨」を表示することが原則です。ただし任意で都道府県名その他一般に知られている地名で表示することもできます。 認定テキスト3-5

102 正答 ③

　従来、原料原産地表示制度の対象であった22食品群と４つの品目については、これまでと同じ原料原産地表示ルールが適用されます。なお、これに「おにぎりののり」が追加され、個別の品目は５つになりました。

認定テキスト３－５

関連情報　原材料のうちで重量順第１位のものが、水や塩蔵に用いた食塩だった場合、それ以外の原材料の中で、原材料に占める重量割合が最も高い原材料に原料原産地表示を行う必要があります。また、原材料が水のみであるミネラルウォーター類や、添加物のみ又は水と添加物のみで構成されている食品については原料原産地表示を行う必要はありません。　**出所：食品表示基準Q&A**

103 正答 ②

　計量して販売されることの多い、食料品や日用品等の消費生活関連物資について、消費者が合理的な選択を行う上で内容量の確認が必要と考えられ、かつ量目公差（許容される誤差の範囲）を課すことが適当と考えられるもの（食品のほか灯油等の29種類）が特定商品として定められています。このうち食品には、生鮮食品である精米や食肉も含まれます。

認定テキスト３－６

104 正答 ③

　特定商品には菓子類も含まれており、ビスケット類、あられ等の米菓及びキャンデーで１個の重量が3g未満で、ナッツ類、クリーム、チョコレート等をはさんだり入れたりしていないものは、内容量を重量で表示する必要があります。なお、ナッツを入れたり、クリームをはさんだクッキーのような１個ずつの重量の管理が難しいものや、１個の重量が3g以上のクッキー、煎餅、キャンデーのようなものは内容量を個数で表示することができます。

認定テキスト３－６、４－20

105 正答 ③

　品質が急速に劣化する傷みやすい食品に表示される期限は「消費期限」です。一方、賞味期限は比較的品質が劣化しにくい食品に表示される期限で、定められた方法により保存した場合において、期待される品質が十分に保持されている期限を表示します。また、製造から賞味期限までの期間が3か月を超えるものについては、「年月」で表示することも認められています。

認定テキスト3-7

106 正答 ①

　開封後の商品の日持ちについては、表示する義務はありません。一度開封した食品は、表示されている期限にかかわらず、早めに食べることが大切で、開封後の商品の日持ちについては、消費者が自ら判断することになります。

認定テキスト3-7

107 正答 ①

　保存方法において、常温で保存すること以外に留意すべき特段の事項がないものについては、牛乳、乳飲料を除いて常温で保存が可能である旨の表示は省略できます。直射日光を避ける必要があるなど、常温以外に留意事項がある場合は、「直射日光を避けて保存」といった表示を行う必要があります。

認定テキスト3-8

108 正答 ①

　品質の変化が極めて少ないものについては、保存方法の表示を省略することができます。「氷」や「冷菓」「アイスクリーム類」のほか、「でん粉」「チューインガム」「砂糖」「食塩」「酒類」「飲料水及び清涼飲料水（ガラス瓶入りのもの（紙栓を付けたものを除く。）又はポリエチレン製容器入

134

りのものに限る。)」が該当します。 認定テキスト3−8

109 正答 ③ チェック欄 □ □ □

　販売者が表示に責任を持つ場合、別記様式枠内には販売者を、近接した箇所に実際の食品の製造や加工をした者の名称及び住所を「製造所」「加工所」等の事項名で表示するのが原則です。製造者等を表示する場合、法人であれば法人名、個人であれば個人名を記載することとなります。

認定テキスト3−10

110 正答 ① チェック欄 □ □ □

　食品表示基準により、一般用加工食品及び一般用添加物については栄養成分表示が義務化されています。義務付けられた表示項目は、「熱量」「たんぱく質」「脂質」「炭水化物」「ナトリウム（食塩相当量で表示）」の5項目で、この順番で表示することが定められています。　認定テキスト3−11

111 正答 ② チェック欄 □ □ □

　栄養成分表示が任意である食品や省略することができる食品でも、栄養成分表示をする場合は、食品表示基準に従って表示します。

認定テキスト3−11

112 正答 ③ チェック欄 □ □ □

　栄養成分表示において、食品単位は「100g」もしくは「100ml」のほか「1食分」「1包装」のように表示することもできます。なお、「1食分」と表示する場合には「1食分（○○g）」のように具体的な量（g、ml、個数等）を併記します。

認定テキスト3−11

練習問題の正答と解説

113　正答　③

　義務表示事項については、輸入業者が国内で他の事業者へ販売する時点から邦文による表示が必要です。国内の表示制度と輸出国の表示制度が異なる場合も多く、輸出元が表示した内容をそのまま流通させた場合、表示が邦文でないばかりでなく、内容が食品表示法に基づく食品表示基準に従っていないこともあると考えられるため、輸入業者が責任を持って邦文に変換する必要があります。なお、食品表示法は、輸出国側の事業者に対して邦文による表示を義務付けていません。　　　　　　認定テキスト3－11

114　正答　④

　だし巻き玉子に使用されている原材料は容易にわかるため、その中に含まれる原材料の表示を省略できます。天ぷら、ごま和え、煮物は、複合原材料の名称からその原材料が明らかにわかるとはいえないため、その原材料の表示を省略することはできません。　　　　　　認定テキスト3－3－1

115　正答　④

　店頭で量り売りするものや注文を受けて作る弁当、レストランで提供する場合などは表示義務の対象になっていません。表示可能面積が30cm^{2}以下の容器の場合、表示を省略できる項目がありますが、「名称」「保存方法」「消費期限又は賞味期限」「表示責任者」「アレルゲン」「L－フェニルアラニン化合物を含む旨」は省略できません。

認定テキスト3－1、3－3－2

116　正答　①

　食品表示基準において乳の代替表記として認められているものは、「ミルク」「バター」「バターオイル」「チーズ」「アイスクリーム」の5つです。

一般に生クリームと認識されているものには植物性の原材料からなるものもあるため、乳の代替表記には含まれていません。

　なお、特定原材料の名称や代替表記の名称を含んでいるためその特定原材料を含んでいることがわかる拡大表記の例として「生乳」「牛乳」「濃縮乳」「調製粉乳」「加糖れん乳」「アイスミルク」「ガーリックバター」「プロセスチーズ」「乳糖」「乳たんぱく」が通知「食品表示基準について」（消費者庁）に記載されています。　　　　　　　　認定テキスト3-3-2

117　正答　④　　　　チェック欄 □ □ □

　拡大表記とは、表示される名称の中に「特定原材料等の名称」「代替表記の名称」を含んでいるため、その特定原材料等を使用していることが理解できる表記をいいます。ゼラチンの場合、「板ゼラチン」「粉ゼラチン」等が拡大表記に該当しますが、ゼリーはゼラチンを使った加工食品の名称であるため該当しません。　　　　　　　　　　　　　認定テキスト3-3-2

118　正答　③　　　　チェック欄 □ □ □

　添加物の表示は、「$NaHCO_3$」のような化学式による表示は認められていません。この添加物であれば物質名により「炭酸水素ナトリウム」又は別名の「重炭酸ナトリウム」や簡略名の「重炭酸Na」「重曹」等と表示することが原則です。また、使用する目的によっては、「膨張剤」等の一括名で表示してもよい場合があります。　　　　　　　　　認定テキスト3-4

119　正答　③　　　　チェック欄 □ □ □

　保存料については、物質名に用途名を併記して表示します。また、添加物に含まれる特定原材料等の表示は、原則として「（○○由来）」と表示します。このことから、特定原材料に由来し、用途名を併記する添加物については「用途名（物質名：○○由来）」と表示します。　　認定テキスト3-4

120 正答 ④

チェック欄

　栄養強化の目的で使用するビタミン類は、原則として表示が免除されますが、それ以外の目的（酸化防止の目的等）で使用するビタミン類は、表示をする必要があります。なお、栄養強化の目的で使用されるものであっても調製粉乳や果実飲料のように品目によっては表示が必要な場合があります。

認定テキスト3－4

121 正答 ②

チェック欄

　原料原産地表示は、原則として国別重量順に表示します。原産国が3か国以上ある場合は、重量割合の高いものから順に国名を表示し、3か国目以降を「その他」と表示することができます。また、国別重量順表示が難しい場合には、一定の条件の下で「又は表示」や「大括り表示」の表示が認められています。

認定テキスト3－5

122 正答 ①

チェック欄

　特定商品に該当する食品の内容量の表示単位は、重量であれば「グラム（g）、キログラム（kg）」、容量であれば「ミリリットル（ml）、リットル（L）」と定められています。

認定テキスト3－6

123 正答 ①

チェック欄

　計量法の特定商品の1つである食用植物油脂の内容量は、グラム又はキログラムの単位で表示します。食用油はしょうゆ等と異なり、温度による体積の変化が大きいため、液状ですがミリリットル（体積）ではなくグラム（重量）で表示するよう定められています。

認定テキスト4－17

124 正答 ④
チェック欄 □□□

品質の変化が極めて少ないため期限表示の省略が認められているものに、「でん粉」「チューインガム」「砂糖」「食塩」「うま味調味料」「酒類」「氷」などがあります。飴（キャンデー）は、期限表示の省略が認められていませんので、期限表示をする必要があります。　　　認定テキスト3－7

125 正答 ③
チェック欄 □□□

海外では使用されることもある「9.28.2023」のような「月.日.年」の表示は認められていません。賞味期限は「年→月→日」の順で表示します。なお、「Before End Sept. 28」といった外国語表記や「09－28」といった年を省略した表示も認められていません。　　　認定テキスト3－7

126 正答 ②
チェック欄 □□□

原産国とは、商品の内容に実質的な変更をもたらす行為を行った国をいいます。濃縮果汁を還元果汁まで希釈する行為は、商品の内容に実質的な変更をもたらす行為に該当するため、国内で希釈したものは原産国名の表示は不要です。ただし、国内で製造された加工食品として、対象原材料の原料原産地の表示が必要となります。　　　認定テキスト3－9

127 正答 ②
チェック欄 □□□

製造所固有記号を使用する際は消費者が具体的な製造所所在地の情報を得ることができるようにすることが必要です。ウェブサイトのアドレス等を表示する際は、そのアドレスにアクセスした結果、速やかに製造所所在地等の情報を把握することができる製造所固有記号を使用する事業者のウェブサイトなどのアドレスを表示する必要があります。届出日や、届出場所の表示は必要ありません。　　　認定テキスト3－10

128 正答 ②

栄養成分表示は、熱量、たんぱく質、脂質、炭水化物、食塩相当量に換算したナトリウムの量の順で表示します。 認定テキスト3-11

129 正答 ③

チェック欄

①容器包装の表示可能面積が30cm^{2}以下であるもの、②ごく短期間でレシピが変更される食品、④の小規模企業者等が販売する食品及び酒類や栄養の供給源としての寄与が小さいと考えられる食品は栄養成分表示を省略することができます。果実飲料や豆乳は、栄養成分表示が必要です。

なお、果実飲料や豆乳であっても、選択肢の①もしくは④にあてはまる場合は栄養成分表示を省略することができます。 認定テキスト3-11

130 正答 ③

チェック欄

栄養成分表示が任意、又は省略できる食品でも、栄養に関する表示をしようとする場合は、食品表示基準が適用され栄養成分表示が必要となります。設問の場合、栄養成分の義務表示5項目及び強調表示をしている「カルシウム」について表示する必要があります。 認定テキスト3-11

131 正答 ①

チェック欄

原料原産地は加工を行った場所ではなく、原材料の産地を表示します。カット野菜は原料原産地表示に関する従来の個別ルールがある22の加工食品の1つです。国内でカットして異種混合した野菜は、重量の割合が50％以上である生鮮食品の原産地を国別重量順に表示します。なお、単品で50％以上の原材料がない場合でも、新しい原料原産地表示のルールに則り、重量の割合が一番高い原材料（対象原材料）の原産地を表示します。対象原材料が国内産である場合は、「国産である旨」又は「都道府県

その他一般に知られている地名」で表示します。また、任意で重量順2位以降の原材料の原料原産地を表示する場合は、どの原材料の原産地なのかが、明確にわかるように表示します。　　認定テキスト3-5、4-1、資料編

132　正答　②
チェック欄 □ □ □

　国産の農産物漬物は、原料原産地の個別の表示ルールがある5つの品目のうちの1つです。原材料に占める重量割合の高い農産物又は水産物の上位4位（製品の内容量が300g以下であれば3位）までで、かつ5%以上の原材料について原料原産地を表示します。

認定テキスト3-5、4-3、資料編

133　正答　②
チェック欄 □ □ □

　「にがり」は物質名ではありません。豆腐の凝固剤として使用した物質のうち、塩化マグネシウム又は粗製海水塩化マグネシウムを使用した場合について、「にがり」の文字を物質名に括弧を付して表示することができます。
　　例：「凝固剤（塩化マグネシウム（にがり））」
　　　　「粗製海水塩化マグネシウム（にがり）」等　　認定テキスト4-4

134　正答　②
チェック欄 □ □ □

　牛乳は、事項名を「殺菌」とし殺菌温度と時間を表示します。ただし、乳飲料については表示を省略することができます。　　認定テキスト4-7

135　正答　④
チェック欄 □ □ □

　常温で保存が可能な牛乳、乳飲料については、種類別名称欄に「牛乳（常温保存可能品）」「乳飲料（常温保存可能品）」と表示します。また、保存

練習問題の正答と解説

方法として、常温を超えない温度で保存する旨を表示します。

認定テキスト4-7

136 正答 ④　　　チェック欄 □ □ □

　アイスクリーム類には、乳等省令（乳及び乳製品の成分規格等に関する
省令）により、乳固形分と乳脂肪分の規格が定められています。乳固形分
が15.0％以上でそのうち乳脂肪分が8.0％以上のものは種類別名称が「ア
イスクリーム」に区分されます。一方で表示が必要なのは無脂乳固形分（乳
固形分から乳脂肪分を除いたもの）と乳脂肪分です。このため、無脂乳固
形分10.0％で乳脂肪分11.0％の当該製品は、乳固形分21.0％のうち乳脂
肪分11.0％であり、「アイスクリーム」に該当します。

　また、「アイスミルク」については、乳固形分10.0％以上、うち乳脂肪
分3.0％以上のもので「アイスクリーム」に該当しないもの、「ラクトア
イス」については、乳固形分を3.0％以上含み、「アイスクリーム」「アイ
スミルク」に該当しないものとそれぞれ規格が定められています。

認定テキスト4-8

137 正答 ①　　　チェック欄 □ □ □

　着色料は、消費者の選択に役立てるため、物質名に用途名を併記しなけ
ればならない8種類の用途の添加物の1つです。ただし、物質名に「色」
の文字があれば用途名である「着色料」の併記は免除されます。「着色料（カ
ラメル）」もしくは「カラメル色素」のように表示します。

認定テキスト3-4

138 正答 ①　　　チェック欄 □ □ □

　日本国内での加工であるため、原料原産地の表示が必要となります。さ
んまの産地は韓国ですので、「韓国産」と表示します。

139 正答 ③

チェック欄 ☐ ☐ ☐

　緑茶は荒茶を原材料として、仕上げの工程を経て作られます。輸入品以外の緑茶は、食品表示基準に従い、荒茶を製造した国を原料原産地として表示します。

認定テキスト4－26

140 正答 ①

チェック欄 ☐ ☐ ☐

　名称に「黒糖」又は「黒砂糖」と表示できるのは、さとうきびの搾り汁を濃縮して分離等の加工を行わず製造したものと定義されており、以前から原料原産地表示に関する個別ルールがある22の加工食品の1つです。国内で製造又は加工した黒糖及び黒糖加工品については、製品の原材料及び添加物に占める黒糖の重量の割合が50％以上である場合、黒糖の原材料のさとうきびの原産地を表示します。認定テキスト3－5、4－15、資料編

141 正答 ③

チェック欄 ☐ ☐ ☐

　食用塩公正取引協議会の会員は「食用塩の表示に関する公正競争規約」により製造方法として、原材料の種類、産地と最終製品の製造工程を表示します。また、公正競争規約に適合した表示を行っている商品に「しおの公正マーク」が付けられます。

認定テキスト4－15、5－5

142 正答 ③

チェック欄 ☐ ☐ ☐

　「卵黄」は「卵」の文字を含みますが、食品表示基準では患者の事故防止の観点から、「卵黄（卵を含む）」と表示することとされています。「卵白」も同様に「卵白（卵を含む）」と表示します。

認定テキスト3－3－2

練習問題の正答と解説

143 正答 ③

チェック欄 ☐ ☐ ☐

　計量法の特定商品に該当するため、マヨネーズ等の半固体状ドレッシングは、内容重量（グラム又はキログラム）を、乳化液状ドレッシング及び分離液状ドレッシングは内容体積（ミリリットル又はリットル）を、単位を明記して表示します。

認定テキスト4－16

144 正答 ②

チェック欄 ☐ ☐ ☐

　緑茶飲料の名称は、その食品の内容を表す一般的な名称である「緑茶（清涼飲料水）」「緑茶飲料」と表示します。

認定テキスト4－22

145 正答 ②

チェック欄 ☐ ☐ ☐

　内容量を外見上容易に識別できる弁当については、内容数量の表示を省略することができます。

認定テキスト3－6、4－24

146 正答 ①

チェック欄 ☐ ☐ ☐

　「一般的に食肉の生食には食中毒のリスクがある旨」及び「子供、高齢者その他食中毒に対する抵抗力の弱い者は食肉の生食を控えるべき旨」の2種類の表示が必要です。なお、「子供」「高齢者」「その他食中毒に対する抵抗力の弱い者」については、これら3つの用語を示す文言を3つともすべて表示する必要があります。

認定テキスト4－28－2

147 正答 ①

チェック欄 ☐ ☐ ☐

　医学・栄養学的な配慮が必要な対象者に適した食品として消費者庁から認可を受けた特別用途食品につけられるマークです。マーク下部の「区分」には、「病者用食品」等の用途を表示します。

認定テキスト5－1

148 正答 ③

チェック欄

　「スマイルケア食」は、健康維持上栄養補給が必要な方向けの食品に「青」マーク、噛むことが難しい方向けの食品に「黄」マーク、飲み込むことが難しい方向けの食品に「赤」マークを表示し、それぞれの方の状態に応じた「新しい介護食品」の選択に寄与するものです。

認定テキスト5−2

149 正答 ①

チェック欄

　有機JASマークがない農産物や畜産物、及びそれらの加工品に「有機」や「オーガニック」等の名称の表示や、これと紛らわしい表示をするとJAS法違反となります。また、有機JASに適合した生産の実行可能性について認証を受けた事業者でなければ、有機JASマークを付すことはできません。ただし、はちみつは有機畜産物JASの対象になっていません。

認定テキスト2−5、5−3

150 正答 ③

チェック欄

　③のマークは、「飲料・酒類用のスチール缶」のマークです。容器包装の種類を識別するためのマークについては資源有効利用促進法に基づいて、食品製造業者等に表示が義務付けられています。なお、これらのマークは食品に限らず日用品ほかすべての商品に共通のものです。

認定テキスト5−4

151 正答 ②

チェック欄

　②のマークは、プラスチック容器ではなく、「紙製段ボール」の識別マークです。

認定テキスト5−4

152 正答 ④

チェック欄 □ □ □

　このマークは、「牛乳」「特別牛乳」「成分調整牛乳」「低脂肪牛乳」「無脂肪牛乳」「加工乳」「乳飲料」の7種の飲用乳について、「飲用乳の表示に関する公正競争規約」に基づいた表示を行ったものに付することができます。
　　　　　　　　　　　　　　　　　　　　　　　認定テキスト4－7、5－5

153 正答 ②

チェック欄 □ □ □

　このマークは、ドレッシング類の公正マークであり、半固体状ドレッシング（マヨネーズ、サラダクリーミードレッシング等）、乳化液状ドレッシング、分離液状ドレッシング、ドレッシングタイプ調味料、サラダ用調味料が対象となります。
　　　　　　　　　　　　　　　　　　　　　　認定テキスト4－16、5－5

154 正答 ②

チェック欄 □ □ □

　地理的表示保護制度とは、品質等の特性が産地と結びついていることを示す「地名」＋「産品名」からなる名称を、知的財産として国に登録することができる制度です。GIマークは、地理的表示保護制度のマークで、地理的表示と一緒に表示します。GIマークを不正に使用した場合は地理的表示法違反として罰則が科されます。
　　　　　　　　　　　　　　　　　　　　　　　　認定テキスト5－6

155 正答 ②

チェック欄 □ □ □

　食品表示法で健康増進等の機能を表示できる食品として「保健機能食品」があり、下記の3種に分類されています。特定保健用食品は健康増進法の特別用途食品の1つでもあります。

医薬品	特別用途食品		保健機能食品		一般食品
（医薬部外品を含む。）	特別用途食品	特定保健用食品	栄養機能食品	機能性表示食品	（いわゆる健康食品を含む。）

認定テキスト5－1

156　正答　③

チェック欄 □ □ □

　機能性の表示は、疾病に罹患していないもの（未成年者、妊産婦、授乳婦を除く。）の健康の維持及び増進に役立つ旨又は適する旨の表示に限って認められており、疾病の治療や予防を目的とするような表示や表現は認められません。

認定テキスト5－1

157　正答　①

チェック欄 □ □ □

　機能性表示食品の機能性の対象者は、未成年者、妊産婦（妊娠を計画しているものを含む。）、授乳婦を除いた疾病に罹患していないものに限られています。

認定テキスト5－1

158　正答　②

チェック欄 □ □ □

　「栄養機能食品」の対象となるのは、容器包装に入れられた一般用の「加工食品」と「生鮮食品」となります。

認定テキスト5－1

159　正答　④

チェック欄 □ □ □

　「栄養成分の機能」は定められた文言で表示します。n-3系脂肪酸の場合は、「n-3系脂肪酸は、皮膚の健康維持を助ける栄養素です。」の文言となります。「病気の治療」といった、医薬品と誤認されるような表現を行うことはできません。

認定テキスト5－1

練習問題の正答と解説

160 正答 ③

　資源有効利用促進法によって、食品製造業者等の容器の利用事業者、容器そのものの製造業者、輸入販売事業者に対し容器包装の識別マークの表示が義務付けられています。

認定テキスト5－4

161 正答 ④

　高齢世帯や少人数世帯が増加している状況から加工食品の購入額比率が増大し、特に調理をせずにそのまま食べることができる食品の増加と内容量の少量化が進むことが予想されます。「商品の少量化」や「商品の個包装・小分け化」といった量的な面での配慮や、「食べやすい大きさ・形状・硬さへの変更」といった高齢化した消費者の噛む力、飲み込む力への配慮もなされるようになってきています。

認定テキスト6－1

162 正答 ①

　不適切な食生活、運動不足、休養不足、喫煙、過度の飲酒といった生活習慣が病気の発症や進行に強く関連する疾患を総称して「生活習慣病」といいます。具体的には「糖尿病」「高血圧症」「脂質異常症（高脂血症）」などがあります。

認定テキスト6－1

163 正答 ①

　内臓脂肪蓄積に加えて、脂質異常、高血圧、高血糖のうち、いずれか2つにあてはまった状態をメタボリックシンドロームといいます。

認定テキスト6－1

164 正答 ④

チェック欄 ☐ ☐ ☐

肥満度は、国際的に用いられている体格指標であるBMI（Body Mass Index）で表します。

認定テキスト6−1

165 正答 ②

チェック欄 ☐ ☐ ☐

「たんぱく質（Protein）」「脂質（Fat）」「炭水化物（Carbohydrate）」を三大栄養素といいます。これらの摂取エネルギー比率を「エネルギー産生栄養素バランス（PFCバランス）」といい、食事の栄養バランスを考える指標の1つとなっています。

認定テキスト6−1

166 正答 ②

チェック欄 ☐ ☐ ☐

WHO（世界保健機関）の基準ではBMIが30以上を肥満としていますが、日本肥満学会が定めた判定基準では、25以上を肥満としています。

認定テキスト6−1

167 正答 ④

チェック欄 ☐ ☐ ☐

「甘さ控えめ」「うす塩味」のような味覚に関する表示は、栄養表示に該当しません。栄養成分表示が省略できる食品にこの表示をしても栄養成分表示をする必要はありません。

認定テキスト3−11

168 正答 ①

チェック欄 ☐ ☐ ☐

減塩はすでに多くの人が心掛けており、国民1人当たりの平均摂取量はこの10年で減少してきてはいるものの、まだ目標値には達していません。2019年度（令和元年度）の「国民健康・栄養調査」（厚生労働省）によると食塩摂取量の平均値は男性10.9g、女性9.3gです。また、厚生労働

省の推奨目標値は成人男性で1日7.5g未満、成人女性で1日6.5g未満
となっています。認定テキスト6−1

169　正答　③　チェック欄 □□□

　食品表示基準ではナトリウムは、ナトリウムの値に2.54を乗じて算出
した「食塩相当量」を表示します。認定テキスト3−11、6−1

170　正答　①　チェック欄 □□□

　食塩相当量は、ナトリウムの値に「2.54」を乗じて、単位をグラムに変
換して算出します。グラムへの単位の変換は1g=1000mgで計算します。
　設問の場合：1000mg × 2.54 ÷ 1000 = 2.54g

認定テキスト3−11、6−1

171　正答　④　チェック欄 □□□

　ビタミンやミネラルのように微量でも日々摂取すべき栄養素をバランス
よく食事からとるためには、野菜を1日当たり350g程度食べることが望
ましいとされています。2019年度（令和元年度）の「国民健康・栄養調
査結果」（厚生労働省）によると、国民1人当たりの野菜摂取量の平均値
は280.5gです。認定テキスト6−1

172　正答　③　チェック欄 □□□

　食育を総合的かつ計画的に推進することを目的とした「食育基本法」が
2005年（平成17年）に制定されました。その中で食育について設問の
通りに定められています。認定テキスト6−2

173 正答 ①

チェック欄

食事バランスガイドでは、料理・食品を、主食、副菜、主菜、牛乳・乳製品、果物の5グループに分類しています。そのうち主菜とは、たんぱく質を多く含む肉、魚、卵、大豆及び大豆製品等を主材料とする料理をいいます。

認定テキスト6-2

174 正答 ①

チェック欄

食事バランスガイドでは、水分（水、お茶など）をコマの軸として、食事中やその合間に摂取すべき欠かせない存在であることを表現しています。また、菓子・嗜好飲料(菓子パン・アルコール類等を含む。)については、コマに添えられたヒモで表し、楽しみながらも適量を守ることを勧めています。

認定テキスト6-2

175 正答 ③

チェック欄

2019年度（令和元年度）の日本の食料自給率は、カロリーベースで38％、生産額ベースで66％となっており、長期的に低下傾向にあります。カロリーベースとは、食料に含まれる熱量を、生産額ベースとは、食料の価格を用いて算出した数値です。

認定テキスト6-3

176 正答 ②

チェック欄

国別の食料自給率（カロリーベース）をみると、日本は38％で、アメリカは131％となっています。食料自給率が100％を超えている国は、アメリカのほか、フランス、オーストラリア、カナダがあり、日本は主要先進国の中で最低水準となっています。

認定テキスト6-3

練習問題の正答と解説

177 正答 ④

チェック欄 □ □ □

　食品関連事業者が排出する食品廃棄物には、除去された皮や骨、絞りかすなどの不可食部分のほかに、工夫しだいでは食べられる規格外品や、一度は食品として流通した売れ残り、返品された食品などがあります。この中で可食部分であったものを食品ロスといいます。不可食部分も含めて食品リサイクル法の対象として、量の削減と再利用の推進が求められています。

認定テキスト6-3

178 正答 ②

チェック欄 □ □ □

　野菜の皮など工夫次第で食べられる部分を過剰に除去した分は食品ロスとなります。消費者一人ひとりが食品を無駄に捨てることのないよう、心掛けていく必要があります。消費期限や賞味期限を参考にしながら、家庭で使い切ることのできる分量の食品を購入することが取り組みの第一歩となります。

認定テキスト6-3

179 正答 ①

チェック欄 □ □ □

　世界には食に対する嗜好性や宗教によって規制される食品があり、例えばイスラム教では「豚」と「アルコール」の摂取が規制されており、ウロコのない魚についても宗派によって規制されています。

　観光庁では、外国人の食文化・食習慣を国別・宗教別・嗜好別に整理し「多様な食文化・食習慣を有する外国人客への対応マニュアル」を作成しています。外国人観光客だけでなく、さまざまな文化をバックグラウンドに持つ国内生活者に向けての活用も望まれるところです。

認定テキスト Column 4

180 [ア]　正答　②

　乾燥野菜及び乾燥果実は以前から原料原産地表示に関する個別ルールの
ある22の加工食品の1つです。国内で加工された乾燥野菜及び乾燥果実
は、原材料及び添加物に占める重量の割合が50％以上の生鮮食品である
原材料の原産地を表示します。

　なお、50％以上の原材料がない場合でも、新しい原料原産地表示のルー
ルに則り、重量の割合が一番多い原材料の原産地を表示します。

認定テキスト3－5、4－2、資料編

180 [イ]　正答　②

　乾燥野菜は、内容量をグラム又はキログラムの単位で、単位を明記して
表示します。

認定テキスト3－6、4－2

180 [ウ]　正答　①

　○○株式会社が製造した商品であるため、「製造者」と表示します。「輸
入者」は、消費者にそのまま販売する製品を輸入した事業者が表示に責任
を持つ場合の事項名です。

認定テキスト3－10

181 [ア]　正答　④

　食肉が50％以上含まれるチルドハンバーグは食肉製品となります。ま
た、包装後に加熱殺菌していることから、「加熱食肉製品（包装後加熱）」
と表示します。特定加熱食肉製品とは、中心部の温度を63℃で30分間加
熱する方法又はこれと同等以上の効力を有する方法以外の方法による加熱
殺菌を行った食肉製品であり、ローストビーフ等が該当します。

認定テキスト4－6

181 [イ] 正答 ① チェック欄 ☐ ☐ ☐

ソースや具を加えたチルドハンバーグの内容量は、ハンバーグとソースや具を合わせた「内容量」と、ソースや具を除いた「固形量」の両方を表示します。

認定テキスト4−6

181 [ウ] 正答 ③ チェック欄 ☐ ☐ ☐

チルド食品は一般的に0℃〜＋10℃の温度帯で流通しています。製品特性に従って「10℃以下で保存」等と表示します。

認定テキスト4−6

182 [ア] 正答 ③ チェック欄 ☐ ☐ ☐

乳製品の名称については、「種類別」の事項名で「ナチュラルチーズ」「プロセスチーズ」等と表示します。「種類別」に代えて「種類別名称」とすることも可能です。

認定テキスト4−8

182 [イ] 正答 ④ チェック欄 ☐ ☐ ☐

牛以外の動物の乳を原料として製造した「ナチュラルチーズ」は、その動物の種類がわかるように、原材料名欄に「山羊乳」「めん羊乳」等と表示します。

なお、食品表示における生乳とは乳等省令の定義により「搾取したままの牛の乳」と定められています。

認定テキスト4−8

182 [ウ] 正答 ② チェック欄 ☐ ☐ ☐

容器包装に入れた後、加熱殺菌したソフト及びセミハードタイプのナチュラルチーズは、その旨を表示します。

表示例：「包装後加熱」「包装後加熱殺菌」

認定テキスト4−8

183 [ア]　正答　②

チェック欄 □ □ □

　アイスクリーム類には「無脂乳固形分」と「乳脂肪分」を表示します。食品衛生法により、この2つの合計である「乳固形分」と、「乳脂肪分」の成分規格が定められており、数値によって種類別名称が異なります。（アイスクリーム、アイスミルク、ラクトアイス）

種類別	成分規格
アイスクリーム	乳固形分 15.0%以上、うち乳脂肪分 8.0%以上のもの
アイスミルク	乳固形分 10.0%以上、うち乳脂肪分 3.0%以上のもの（アイスクリームに該当するものを除く。）
ラクトアイス	乳固形分 3.0%以上のもの（アイスクリーム、アイスミルクに該当するものを除く。）

認定テキスト4－8

183 [イ]　正答　④

チェック欄 □ □ □

　アイスクリーム類には「無脂乳固形分」と「乳脂肪分」を表示します。なお、表示例の「卵脂肪分」のように、「乳脂肪分」以外の脂肪分は油脂の固有の名称とともに重量百分率を表示します。　　認定テキスト4－8

183 [ウ]　正答　②

チェック欄 □ □ □

　アイスクリーム類は、品質の変化が極めて少ないものとして「賞味期限」

と「保存方法」は表示を省略することができますが、内容量については表示しなければなりません。

184 [ア]　正答　③ チェック欄 ☐☐☐

そば粉を使用したものであるため、「干しそば」と表示します。なお、手作業により引き延ばしたものではないため、「手延べ」の文言は使用できません。

認定テキスト4－11

184 [イ]　正答　① チェック欄 ☐☐☐

そば粉の配合割合が30％未満のものは、「そば粉の配合割合」として、「2割」「20％」等と実配合比を上回らない数値で表示します。10％未満のものは、「1割未満」「10％未満」等と表示します。なお、割合を商品名に近接して表示する場合は別記様式では省略することができます。

認定テキスト4－11

184 [ウ]　正答　① チェック欄 ☐☐☐

乾めんは調理が必要なため、別記様式枠内に「調理方法」を表示します。調理方法の欄に記載箇所を明記して、他の箇所に表示することもできます。

認定テキスト4－11

185 [ア]　正答　② チェック欄 ☐☐☐

原材料の表示は、「めん」（油揚げ処理により乾燥したものは「油揚げめん」）の文字の次に括弧を付して、めんに使用されている原材料を最も一般的な名称で表示します。

認定テキスト4－12

185 [イ]　正答　① チェック欄 □□□

　めんに添付調味料又はかやくを添付したものは、内容重量に加え、めんの重量をグラムの単位で表示します。

認定テキスト4－12

185 [ウ]　正答　② チェック欄 □□□

　食器として使用できる容器に入った即席めんには「使用上の注意」を表示します。容器を加熱しないものは、「やけどに注意」等と、容器を加熱するものには「調理中及び調理直後は容器に直接手を触れないこと」等と枠外に表示します。なお、日本即席食品工業会では「やけどに注意」「電子レンジ調理不可」「移り香注意」についてのマークを定めており、マークを表示することが推奨されています。

認定テキスト4－12

186 [ア]　正答　① チェック欄 □□□

　調理冷凍食品は、内容量を重量（グラム（g）又はキログラム（kg））で表示します。また、内容個数の管理が困難でないものは、内容個数も表示します。なお、「約」の使用や幅を持たせた表示は認められていません。

認定テキスト3－6、4－13

186 [イ]　正答　①

チェック欄 ☐ ☐ ☐

　調理冷凍食品は「凍結前加熱の有無」を表示します。凍結直前に加熱をしていなければ、「加熱してありません」と表示します。これは、製造工程で一切加熱していないという意味ではなく、例えば加熱後にさらにソースをかけるなどの別工程を経て凍結した場合、凍結前加熱はしていないことになります。

認定テキスト4－13

186 [ウ]　正答　②

チェック欄 ☐ ☐ ☐

　○○冷凍食品株式会社が製造し、その表示に責任を持つ場合は、「製造者」として○○冷凍食品（株）の名称及び表示に責任を持つ者の部署がある住所を表示します。実際に製造した工場が別の場所である場合は、実際の製造所の住所を製造所として併せて表示します。なお、同一製品を2か所以上で製造する場合に限り、製造所固有記号で表示することもできます。

認定テキスト3－10

187 [ア]　正答　②

チェック欄 ☐ ☐ ☐

　油脂含有率が80％以上のものは「マーガリン」に分類されます。油脂含有率が80％未満のものは「ファットスプレッド」に分類され、油脂含有率を重量百分率（％）で表示する必要があります。　認定テキスト4－14

187 [イ]　正答　③

チェック欄 ☐ ☐ ☐

　着色料は、物質名に用途名を併記しなければならない添加物ですが、表示する物質名に「色」の文字があれば、用途名である「着色料」の併記は免除されます。

認定テキスト3－4

187 [ウ]　正答　②

マーガリン類の内容量については、内容重量をグラム又はキログラムの単位で、単位を明記して表示します。　　　　　認定テキスト3－6、4－14

188 [ア]　正答　①

コーヒーの木の種実を精製したコーヒー生豆を焙煎した「煎り豆」及び煎り豆にコーヒー生豆を加えたもの（挽いたものを含む。）は、名称として「レギュラーコーヒー」と表示します。　　　　　認定テキスト4－26

188 [イ]　正答　①

原材料名には「コーヒー豆」の次に括弧を付して、「生豆生産国名」の見出し及び生産国名を重量の割合の高い順に表示します。なお3か国目以降は「その他」「他」と表示することができます。　　　　認定テキスト4－26

188 [ウ]　正答　③

豆を挽いたレギュラーコーヒーには「挽き方」を表示します。公正競争規約で定める基準に基づいて「粗挽き」「中挽き」「細挽き」等と表示します。　　　　　認定テキスト4－26

189 [ア]　正答　①

パン類の名称については、「食パン」「菓子パン」「パン」「カットパン」から適切なものを表示します。食パンについては、「食パン」と表示します。
　　　　　認定テキスト4－23

練習問題の正答と解説

189 [イ] 正答 ④ チェック欄 ☐ ☐ ☐

包装食パンについては、内容数量を枚数で表示します。ただし、1個の
ものにあっては省略することができます。 認定テキスト4−23

189 [ウ] 正答 ④ チェック欄 ☐ ☐ ☐

保証内容重量とは包装食パン1個の正味重量を保証することを意味して
います。食パンは重量にバラツキが起きやすいため、「包装食パンの表示
に関する公正競争規約」において保証内容重量を「斤」により表示するこ
ととされています。1斤は340g以上と定められており、「○斤（1斤は
340g以上です）」などと表示します。 認定テキスト4−23

190 [ア] 正答 ② チェック欄 ☐ ☐ ☐

米トレーサビリティ法の規定に基づき、米の産地を表示します。また、「ご
はん」は原材料の中で重量の比率が最も高い原材料であることが多く、そ
の場合は、「米（国産）」と表示することで、同時に原料原産地表示の要件
を満たしたことになります。 認定テキスト1−5、4−24

190 [イ] 正答 ④ チェック欄 ☐ ☐ ☐

「酸化防止剤」は、物質名に用途名を併記しなければならない8種類の
添加物のうちの1つなので、「酸化防止剤（V. E）」や「酸化防止剤（ビタ
ミンE)」と表示します。 認定テキスト3−4

190 [ウ] 正答 ③ チェック欄 ☐ ☐ ☐

弁当のように、品質が急速に劣化する食品には「消費期限」を表示しま
す。消費期限は年月日で表示しますが、必要に応じて時間についても表示

します。 認定テキスト3－7、4－24

191［ア］ 正答 ②　　　チェック欄 ☐ ☐ ☐

　乳児用食品の規格基準が適用される食品については、乳児用規格適用食品である旨を表示します。

　表示例：「乳児用規格適用食品」「乳児用規格適用」「本品は乳児用食品の規格基準が適用される食品です。」 認定テキスト4－25

191［イ］ 正答 ③　　　チェック欄 ☐ ☐ ☐

　レトルトパウチ食品には、殺菌方法として、「食品を気密性のある容器に密封し、加圧加熱殺菌したものであること」を表示します。

認定テキスト4－18

191［ウ］ 正答 ④　　　チェック欄 ☐ ☐ ☐

　プラスチックフィルムもしくは金属はく又はこれらを多層に合わせたものを袋状その他の形状に成形した容器（気密性及び遮光性を有するものに限る。）に調製した食品を詰め、熱溶融により密封し、加圧加熱殺菌したものをレトルトパウチ食品といい、レトルトパウチ食品に該当する食品はその旨を表示します。 認定テキスト4－18

192［ア］ 正答 ④　　　チェック欄 ☐ ☐ ☐

　酒類と糖類その他の物品を原料とした酒類でエキス分が2度以上のものは、品目として「リキュール」と、商品を陳列した際に消費者が容易に認識できる場所に表示します。 認定テキスト4－27

練習問題の正答と解説

192 [イ]　正答　①　　チェック欄 □ □ □

　酒類にはアルコール分を表示します。表示方法は、「度」又は「％」の単位で、1度の範囲内で「○○度以上○○度未満」と幅を持たせた表示も可能です。例えば、アルコール分が15度以上16度未満のものについて、「15.0度以上15.9度以下」又は「15％」と表示しても差し支えありません。

認定テキスト4－27

192 [ウ]　正答　①　　チェック欄 □ □ □

　「20歳未満の者の飲酒防止に関する表示基準」に基づいて「20歳未満の者の飲酒は法律で禁止されている」旨を容器又は包装に表示します。

認定テキスト4－27

食品表示検定試験〈初級〉

模擬問題

（実際の試験の制限時間は 90 分間です）

問1　食品の表示に関する次の①～④の記述の中で、その内容が**最も不適切なもの**を1つ選びなさい。

①　食品の表示は、消費者にとって、その食品を購入する際に、安全性の確保や品質などの商品選択上の判断に必要な情報の宝庫である。

②　食品の表示は、生産者、流通業者、消費者へと情報を伝達する重要な役割を果たしている。

③　食品の表示は、問題が起こった際に原因究明や製品回収の対策を迅速、かつ的確に行うための手掛かりとなる。

④　食品関連事業者は食品に正しい表示を行う義務があるが、違反しても改善すれば罰則を受けることはない。

問2　食品のトレーサビリティの意義に関する次の①～④の記述の中で、その内容が**最も不適切なもの**を1つ選びなさい。

①　食品の安全性に関わる事故や不適合が起きた際に、問題の発生箇所を速やかに特定することができる。

②　不適合食品の絞り込みや、正確で迅速な撤去回収が可能となる。

③　トレーサビリティの活用により、異物混入事故を未然に防ぐことが可能となる。

④　食品の流通経路の透明性が確保されることで誤った表示や情報を排除しやすくし、取引の公正化を図ることができる。

問3　食品表示から得られる情報の内容に関する次の①〜④の記述の中で、その内容が最も不適切なものを1つ選びなさい。

①　国内で製造された干し柿の表示を見れば、柿の「原料原産地」がわかる。

②　冷凍炒飯の表示を見れば、「使われた米の産地」がわかる。

③　たけのこ水煮缶詰の表示を見れば、「製造年月日」がわかる。

④　缶入りチューハイの表示を見れば、含まれる「アルコール分」がわかる。

問4　食品の流通に関する次の①〜④の記述の中で、その内容が最も不適切なものを1つ選びなさい。

①　産地直送、ネット販売等、卸売市場を通らない流通を「市場外流通」といい、年々減少傾向にある。

②　卸売市場は、円滑な流通を確保するために、「卸売市場法」に基づき設置されている。

③　食品を輸入する際は、厚生労働省が管轄する検疫所に届出を行う。

④　輸入される食品について、検査で不合格となったものは、輸出国への積み戻しや廃棄といった措置がとられる。

問 5 　食品表示基準に基づく生鮮食品に該当しないものを、次の①〜④の中から 1 つ選びなさい。

① 　次亜塩素酸ソーダ水により殺菌洗浄したサラダ用カットレタス

② 　牛のロースとカルビを調味せずに 1 つのパックに包装したもの

③ 　ブリのカマと身アラを詰め合わせたもの

④ 　ブランチングした上で冷凍したほうれん草

問 6 　食品の表示に関連する各法律についての次の①〜④の記述の中で、その内容が最も不適切なものを 1 つ選びなさい。

① 　食品表示法に従うことで、食品表示に関するすべての法令に準拠したことになる。

② 　計量法では、特定商品について内容量を表記した者の氏名又は名称及び住所を表示することを義務付けている。

③ 　サプリメントのような食品に対して医薬品と誤認される効能効果を表示した場合、薬機法による取り締まりの対象となる。

④ 　JAS 法の目的は、適正かつ合理的な農林物資の規格を制定し、産業の発展と一般消費者の利益の保護に寄与することである。

次の問7～12の文章の【　　】の部分にあてはまる最も適切な語句を、それぞれ①～③の中から1つ選びなさい。

問7　国産の農産物の原産地は、【　　】で表記することは認められていない。

①　「近畿」のような地域名

②　「神奈川県」のような都道府県名

③　「秩父郡」のような一般に知られている地名

問8　国内で飼養された牛でも、レバー等の内臓肉、【　　】、複数の牛の肉からなるこま切れ、切り落としは個体識別番号表示の対象外となる。

①　ステーキ肉　　②　ブロック肉　　③　挽肉

問9　「有機農産物」「有機畜産物」「【　　】」には、JAS法に基づく有機食品の規格がある。

①　有機肥料　　②　有機加工食品　　③　有機添加物

問10　食品表示基準には、一般消費者に販売されるすべての生鮮食品を対象にした「【　　　】的義務表示」と、特定の品目に義務付けられた「個別的義務表示」がある。

　　　①　一般　　　　　　　②　横断　　　　　　　③　基礎

問11　名称として表示できる【　　　】は、生物の種の学名と一対一となるように調整した和名のことであり、国内で統一されている。

　　　①　基本和名　　　　　②　統一和名　　　　　③　標準和名

問12　小さく区切られたケージではなく、鶏舎内を自由に動き回れるような環境で飼育した鶏が産んだ卵を【　　　】と表示できる。

　　　①　自然卵　　　　　　②　特殊卵　　　　　　③　平飼卵

問13　「農産物」に関する次の①〜④の記述の中で、その内容が最も不適切なものを1つ選びなさい。

① 中国から輸入された農産物の原産地名として、「広東省」「雲南省」のように省名で表示することができる。

② 原料玄米が生産された年の12月31日までに精白し、容器包装した精米には、新米と表示することができる。

③ 生しいたけには、「名称」と「原産地」のほかに、「栽培方法」を表示しなければならない。

④ 防かび剤を使用した輸入フルーツを容器包装に入れて販売する場合は、単に「防かび剤使用」と表示することができる。

問14　「水産物」に関する次の①〜④の記述の中で、その内容が最も不適切なものを1つ選びなさい。

① その地方特有の名称があり、それが一般に理解されている地域では、地方名で表示することができる。

② 刺身を容器包装したものには、「刺身」「生で食べられます」のように生食用である旨を表示する。

③ 魚介類の名称は、「魚介類の名称の表示マニュアル」により定められている。

④ 小売店の店内で加工した複数の魚種の刺身の盛り合わせの原料原産地名の表示は任意である。

問15　「畜産物」に関する次の①〜④の記述の中で、その内容が<u>最も不</u><u>適切</u>なものを１つ選びなさい。

① 鶏肉を冷凍して販売する場合には「フローズン」と表示する。

② ２種類の畜種を盛り合わせた焼肉セットでは、重量の割合が多いほうの食肉の産地を「原料原産地」として表示する。

③ 「和牛」と表示できるのは特定の品種又はそれらの交雑種で、かつ国内で生まれ国内で飼養した牛と定められている。

④ 「地鶏」と表示できるのは、日本各地の地域固有の在来種を親とするひな（在来種の血を50％以上ひいているもの）を、JASに準じた方法で飼育した鶏と定められている。

次の問16 ～ 20 の表示例において、その内容が<u>最も不適切な表示</u>をそれぞれ①～③の中から1つ選びなさい。

※売り場においてその他の表示はないものとする。

問16　鮮魚店での表示（無包装の場合）

① ズワイガニ（解凍）
ロシア産
（オホーツク海）

② 真アジ
日本近海

③ イサキ
若狭湾

問17　精肉店での表示（無包装の場合）

① 牛スネ肉
アメリカ産
100ｇ当たり○○円

② 若鶏もも
国産
100ｇ当たり○○円

③ ロースしゃぶしゃぶ用
オーストラリア産
100ｇ当たり○○円

問18　鮮魚店での表示（無包装の場合）

① ハマグリ
韓国産

② 関さば
瀬戸内海

③ ハマチ
養殖
長崎県産

問19　スーパーの農産物売り場での表示（包装品の場合）

① カボチャ
鹿児島県南さつま市

② じゃがいも
帯広産

③ ドライマンゴー
大分県産

問20　　精肉店での表示（無包装の場合）

① 豚ばら肉　焼肉用
　　国産
　100ｇ当たり○○円

② 牛ロース肉
　テキサス州産
　100ｇ当たり○○円

③ 鶏モモ肉
　宮崎県産
　100ｇ当たり○○円

問21　次の表示例の中で、その内容が<u>最も不適切な表示部分</u>を①～③の中から１つ選びなさい。

《前提条件》カナダから輸入した冷凍原料を、千葉県のスーパーで
解凍し生食用として容器包装したもの

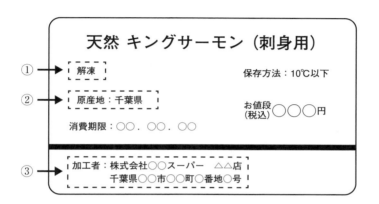

問22 次の表示例の中で、その内容が最も<u>不適切な表示部分</u>を①～③の
中から1つ選びなさい。

《前提条件》秋田県産のあきたこまちと岡山県産のヒノヒカリを混
合したものを、精米し10kgの袋詰めにしたもの

名称	精米			
	産地	品種	産年	使用割合
①→ 原料玄米	複数原料米 国内産 　秋田県 　岡山県	あきたこまち ヒノヒカリ	○○年産 ○○年産	10割 7割 3割
内容量	10kg			
②→ 調製時期	○年○月上旬			
③→ 販売者	○○米穀株式会社 ○○県○○市○○町○-○-○ TEL　○○○-○○○-○○○○			

174

問23 次の表示例の中で、その内容が最も不適切な表示部分を①〜③の中から1つ選びなさい。

《前提条件》岩手県で生まれ、1か月飼養したあと、北海道で5か月飼養した豚の食肉

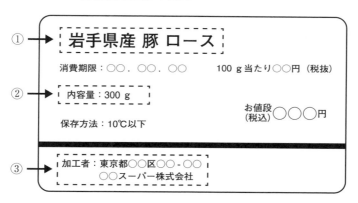

① → 岩手県産 豚 ロース

消費期限：○○．○○．○○　　　　100 g 当たり○○円（税抜）

② → 内容量：300 g

保存方法：10℃以下

お値段（税込）○○○円

③ → 加工者：東京都○○区○○ - ○○
　　　○○スーパー株式会社

問24 次の表示例の中で、その内容が最も不適切な表示部分を①〜③の中から1つ選びなさい。

《前提条件》農薬を一切使わずに育てた愛知県産のトマトを3個袋詰めにしたもの

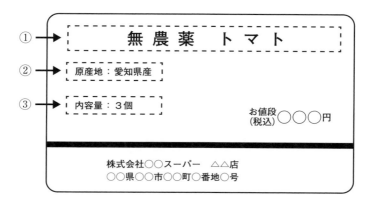

① → 無農薬 トマト

② → 原産地：愛知県産

③ → 内容量：3個

お値段（税込）○○○円

株式会社○○スーパー　△△店
○○県○○市○○町○番地○号

問25　次の表示例の中で、その内容が最も<u>不適切な表示部分</u>を①～③の中から1つ選びなさい。

《前提条件》埼玉県で生産し、容器包装された生食用の鶏卵

	名称	鶏卵
① →	原産地	国産
	賞味期限	○○.○○.○○
② →	保存方法	直射日光、高温多湿を避けて保存してください。
③ →	選別包装者	○○鶏卵株式会社 埼玉県○○市○○町○ - ○○ - ○○
	使用方法	生食の場合は賞味期限内に使用し、賞味期限経過後及び殻にヒビが入った卵を飲食に供する際は、なるべく早めに、十分に加熱調理してお召し上がりください。

次の問26〜39の文章の【　　】の部分にあてはまる<u>最も適切な語句</u>を、それぞれ①〜③の中から1つ選びなさい。

問26　加工食品の義務表示事項を、商品の見やすい場所に1か所にまとめて表示することを「【　　】」による表示という。

① 総合様式　　　② 裏面様式　　　③ 別記様式

問27　名称の表示において、使用することができる事項名は、名称、品名、品目、種類別、【　　】である。

① 品目別名称　　② 種類別名称　　③ 商品名

問28　原材料名の欄には、使用された原材料を、【　　】にその一般的な名称で表示する。

① 五十音順

② 原材料に占める重量の割合の高い順

③ コストの高い順

問29　その名称から原材料が明らかである【　　】は、複合原材料についての原材料の表示を省略することができる。

① フライ　　　　② 煮物　　　　③ 鶏唐揚げ

問30 アレルギー表示について、必ず表示しなければならない「特定原料」には、卵、乳、小麦、えび、かに、【　　　】、落花生がある。

① そば　　　　　　② 大豆　　　　　　③ いか

問31 添加物のうち、合成、天然等の製造方法にかかわらず安全性と有効性が確認されて、厚生労働大臣により指定されている添加物を【　　　】という。

① 指定添加物　　　② 天然添加物　　　③ 一般飲食物添加物

問32 甘味料として使用される【　　　】には、「L-フェニルアラニン化合物を含む旨」を併せて表示しなければならない。

① キシリトール　　② サッカリン　　　③ アスパルテーム

問33 遺伝子組換え食品の表示対象のとうもろこし加工品には、コーンスナック菓子、冷凍とうもろこし、ポップコーン、【　　　】などがある。

① コーンスターチ　　② コーン油　　　③ 水飴

問34　原料原産地表示において、以前から表示義務のあった22の食品群の食品例として、「切り干し大根」、「合挽肉」、「【　　　】」がある。

① かまぼこ　　　　② コーヒー飲料　　　　③ 緑茶

問35　内容量の表示において、「1個」「1枚」「1食」等のように「数量」で表示することが認められていないものの例として【　　　】がある。

① 透明でない容器に入れられた弁当

② パック詰めされた生鮮食品の食肉

③ 1枚当たりの重量が3g以上の米菓

問36　賞味期限の設定方法は、製造者が理化学試験、微生物試験、官能試験等を行い、【　　　】を勘案し、原則として短めに設定する。

① 保存係数　　　　② 安全係数　　　　③ 可食係数

問37　輸入した【　　　】場合は、原産国名の表示が必要である。

① ごまとちりめんじゃこを国内で混ぜ合わせた

② パン生地を国内で焼成した

③ 缶入りの紅茶とクッキーを国内で詰め合わせした

問38　製造所固有記号の使用にあたっては、【　　　】に届出が必要であり、届出の有効期間は5年間となっている。

① 消費者庁　　　② 農林水産省　　　③ 食品安全委員会

問39　栄養成分表示として表示が義務付けられている項目とは別に、表示する必要性が高い推奨項目は【　　　】である。

① 糖質とトランス脂肪酸

② 食物繊維と飽和脂肪酸

③ ビタミンCとコレステロール

問40　「栄養成分表示」に関する次の①〜③の記述の中で、その内容が最も不適切なものを1つ選びなさい。

① たんぱく質や脂質等の栄養成分について、それらをまったく含んでいない場合は、その項目の表示を省略できる。

② 栄養の供給源としての寄与が小さいと考えられる食品は、栄養成分表示を省略できる。

③ 業務用食品については、生鮮食品、加工食品、添加物のいずれであっても、栄養成分表示は任意である。

問41　「アレルギー表示」に関する次の①〜③の記述の中で、その内容が最も不適切なものを1つ選びなさい。

① アレルギー表示において、「ガーリックバター」「乳糖」は乳の拡大表記として認められている。

② アレルギー表示を行う場合、「小麦、大豆」を単に「穀類」と表示することはできない。

③ 卵が微量混入することが想定できる場合の表示として「卵が入っているおそれがあります」と表示することができる。

問42　「期限表示」に関する次の①〜③の記述の中で、その内容が最も<u>不適切なもの</u>を1つ選びなさい。

①　表示する期限は、未開封かつ、表示された保存方法で保存することを前提とした期限である。

②　期限表示は、「10.31.2023」のように「月日年」の順番で表示することはできない。

③　製造日が2023年6月20日で、2025年6月20日が賞味期限のものは、「2025.6」と表示できる。

問43　「景品表示法」に関する次の①〜③の記述の中で、その内容が<u>最も不適切なもの</u>を1つ選びなさい。

①　黒毛和牛でない国産牛を「黒毛和牛」と表示するのは優良誤認表示である。

②　通常通りの価格であるのに、「期間中大安売り」と表示するのは有利誤認表示である。

③　一般的な製造方法であるのに、「全国唯一、当社独自の技術による製法」と表示するのは有利誤認表示である。

問44　「加工食品の表示」に関する次の①〜③の記述の中で、その内容が最も不適切なものを１つ選びなさい。

①　景品表示法により、容器包装に入れられた加工食品には、栄養成分表示が義務付けられている。

②　別記様式と同程度にわかりやすく一括して表示されていれば、プライスラベルによる表示も可能である。

③　客の求めに応じてその場で容器包装に詰めて販売する惣菜のような加工食品は表示義務の対象とはなっていない。

問45　「添加物の用途」に関する次の①〜③の記述の中で、その内容が最も不適切なものを１つ選びなさい。

①　甘味料、調味料は、食品の風味をよくする。

②　保存料、酸化防止剤は、食品の外観をよくし、美化させる。

③　製造用剤、乳化剤は、食品の製造や加工のために必要とされる。

問46　外食店における牛肉の個体識別番号に関する次の①〜③の記述の中で、その内容が最も不適切なものを1つ選びなさい。

①　個体識別番号の表示義務の対象となる「特定料理」は、焼肉、しゃぶしゃぶ、ハンバーグ、ローストビーフである。

②　個体識別番号の表示義務が課せられるのは、特定料理提供業者が国内で飼養された牛の肉を使用した特定料理を提供する場合である。

③　特定料理が一部メニューに限られるファミリーレストラン等の場合は、個体識別番号の表示義務は課せられていない。

問47　アレルゲンについて個別に表示する場合に、（卵を含む）と表示しなくてもよいものを、次の①～④の中から1つ選びなさい。

①　マヨネーズ　　②　ハムエッグ　　③　卵黄　　④　目玉焼

問48　常温で保存すること以外注意する必要がない場合でも、保存方法の表示を省略することができないものを、次の①～④の中から1つ選びなさい。

①　常温保存可能品の乳飲料　　②　缶入りコーヒー飲料

③　レトルトパウチ食品　　④　農産物の缶詰

問49　栄養成分表示に関して栄養表示に該当しない例を、次の①～④の中から1つ選びなさい。

①　品名として「ミネラルウォーター」と表示

②　品名として「ポテトチップスうす塩」と表示

③　容器包装に「脂肪20％カット」と表示

④　容器包装に「使用している○○にビタミンAが豊富に含まれています」と表示

模擬問題

問50　一括名による表示が認められている添加物を、次の①〜④の中から1つ選びなさい。

①　膨張剤　　　②　発色剤　　　③　甘味料　　　④　ゲル化剤

問51　特色のある原材料に該当しないものを、次の①〜④の中から1つ選びなさい。

①　三陸産わかめ使用　　　　　②　黒糖使用

③　非遺伝子組換え大豆使用　　④　有機小麦粉使用

問52　遺伝子組換え食品の義務表示の対象となる農産物に該当しないものを、次の①〜④の中から1つ選びなさい。

①　てん菜　　　　②　大豆

③　小麦　　　　　④　アルファルファ

問53　次の食用植物油脂の表示について、【　　　】に入る<u>最も適切な</u>
<u>語句</u>を①～④の中から１つ選びなさい。

名称	食用大豆油
原材料名	食用大豆油（国内製造）
内容量	500【　　　　】
賞味期限	○○．○○．○○
保存方法	直射日光を避けて、保存してください。
製造者	○○製油有限会社 ○○県○○市○○町○番地○○

①　ml

②　g

③　dl

④　cm³

問54　次の合挽肉の表示について、【　　】に入る<u>最も適切な語句</u>を①〜④の中から１つ選びなさい。

《前提条件》アメリカ・テキサス州産の牛肉を60%、鹿児島県産の豚肉を40%使用して国内で加工した商品

名称	牛・豚合挽肉
原材料名	牛肉、豚肉
原料原産地名	【　　】
内容量	300g
消費期限	○○．○○．○○
保存方法	要冷蔵（10℃以下）
加工者	ミート○○有限会社 ○○県○○市○○町○番地○○

①　国産（豚肉）

②　米国産（牛肉）

③　アメリカ産、国産

④　テキサス州産（牛肉）、鹿児島産（豚肉）

問55　次のパン類の表示について、【　　　】に入る<u>最も適切な語句を</u>
<u>①～④の中から１つ選びなさい。</u>

《前提条件》○○県△△市にある（株）○○製パンで製造し、表示内
　　　　　　容に責任を持って販売するもの

商品名：りんごジャムパン

名称	菓子パン
原材料名	小麦粉（国内製造）、りんごジャム、砂糖、ぶどう糖果糖液糖、鶏卵、植物油脂、パン酵母、脱脂粉乳、食塩、ショートニング
添加物	イーストフード、酸化防止剤（Ｖ．Ｃ）、糊料（増粘多糖類）、香料、保存料（ソルビン酸）、酸味料、着色料（カロテン）
内容量	3個
消費期限	○○．○○．○○
保存方法	直射日光・高温多湿を避けて保存してください。
【　　　】	（株）○○製パン　　○○県△△市○○町○‐○‐○

①　販売者

②　加工所

③　製造者

④　表示責任者

問56 次のみその表示について、【　　】に入る最も適切な語句を
①〜④の中から1つ選びなさい。

《前提条件》遺伝子組換え大豆を使用したみそで、原材料及び添加
物の重量に占める大豆の割合は30％

名称	米みそ（だし入り）
原材料名	米（国産）、【　　】、食塩、かつお節粉末、かつおエキス、昆布エキス
添加物	調味料（アミノ酸等）、酒精
内容量	750 g
賞味期限	○○ . ○○ . ○○
保存方法	直射日光・高温多湿を避けて保存してください。
製造者	（株）○○食品　○○県○○市○○町○ - ○ - ○

①　大豆

②　大豆（遺伝子組換え）

③　大豆（遺伝子組換え不分別）

④　大豆（GMO）

問57　次の食肉製品の表示について、【　　】に入る最も適切な語句を①〜④の中から1つ選びなさい。

【　　】（加熱後包装）

名称	ポークソーセージ（ウインナー）
原材料名	豚肉（アメリカ産）、結着材料（でん粉、植物性たん白）、食塩、水あめ、香辛料／リン酸塩（Na）、調味料（アミノ酸等）、pH調整剤、酸化防止剤（V.C）、発色剤（亜硝酸Na）、（一部に豚肉・小麦・大豆を含む）
内容量	200g
賞味期限	○○．○○．○○
保存方法	10℃以下で保存してください。
製造者	○○株式会社 ○○県○○市○○町○‐○‐○

①　加熱食肉製品

②　特定加熱食肉製品

③　非加熱食肉製品

④　乾燥食肉製品

問58　次の米トレーサビリティ法の対象となる米菓の表示について、
【　　　】に入る最も適切な語句を①〜④の中から1つ選びなさい。

《前提条件》その他の表示は栄養成分表示のみとします。
　　　　　　原料米は新潟県産コシヒカリを使用しています。

名称	米菓
原材料名	【　　　】、植物油脂、砂糖、醤油、でん粉、海苔、食塩／調味料（アミノ酸等）、香辛料、（一部に小麦・大豆を含む）
内容量	180g
賞味期限	○○.○○.○○
保存方法	直射日光及び高温多湿を避けて保存してください。
製造者	（株）○○工房 ○○県○○市○○町○-○-○

①　米（うるち米）

②　うるち米（国産）

③　米（遺伝子組換えでない）

④　うるち米（コシヒカリ）

問59　次のチョコレートの表示について、【　　　】に入る最も適切な
　　　語句を①〜④の中から1つ選びなさい。

名称	チョコレート
原材料名	砂糖、カカオマス、ココアバター、全粉乳、植物油脂、乳糖／乳化剤、香料、（一部に【　　　】・大豆を含む）
内容量	130g
賞味期限	○○.○○.○○
保存方法	直射日光、高温多湿を避け、28℃以下の涼しいところで保存してください。
原産国名	スイス
輸入者	○○商事株式会社 ○○県○○市○○町○番地○○

①　乳

②　乳製品

③　乳由来

④　乳成分

問60　次の缶詰の表示について、【　　　】に入る最も適切な語句を
①～④の中から1つ選びなさい。

名称	白もも・シラップづけ（ヘビー）
形状	2つ割り
【　　】	混合
原材料名	白もも（山梨県産）、糖類（砂糖、ぶどう糖）／酸味料、酸化防止剤（ビタミンC）
固形量	250g
内容総量	425g
賞味期限	○○.○○.○○
使用上の注意	開缶後は空気に触れて内面が酸化するため、必ずガラスなどの容器に移し替えてください。
製造者	株式会社○○缶詰 ○○県○○市○○町○○

①　果肉の大きさ

②　基部の太さ

③　果粒の大きさ

④　規格

問61　屋根型紙パック容器に切り欠きをすることができる食品として、最も適切なものを次の①〜④の中から1つ選びなさい。

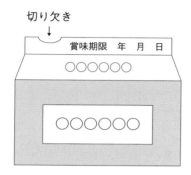

切り欠き

賞味期限　年　月　日

①　乳飲料

②　発酵乳

③　牛乳

④　果実飲料

問62　次のファットスプレッドの表示について、【　　】に入る最も適切な語句を①〜④の中から1つ選びなさい。

名称	ファットスプレッド（加糖）
【　　】	48%
原材料名	食用植物油脂（大豆を含む、国内製造）、食用精製加工油脂、バター、砂糖、食塩／香料、乳化剤、酸化防止剤（V.E）、着色料（カロテン）
内容量	350g
賞味期限	○○.○○.○○
保存方法	10℃以下で保存してください
製造者	株式会社○○○○ ○○県○○市○○町○-○-○

①　固形脂肪分　②　油脂含有率　③　乳脂肪分　④　糖類含有率

問63　次のナチュラルミネラルウォーターの表示について、**省略可能な**
　　　項目を①〜④の中から１つ選びなさい。

《前提条件》ポリエチレン製の容器に入れられた製品

名称	ナチュラルミネラルウォーター
原材料名	水（鉱水）
内容量	500ml
賞味期限	○○．○○．○○
製造者	(株)○○ドリンク 山梨県○○市○○町○‐○‐○

採水地：○○県○○市○○町

①　名称　　　　②　内容量　　　　③　賞味期限　　　　④　製造者

問64　次のしょうゆの表示について、【　　　】に入る**最も適切な語句**
　　　を①〜④の中から１つ選びなさい。

《前提条件》原材料として、アメリカ産の大豆を日本で脱脂加工し
　　　　　　たものを使用

名称	こいくちしょうゆ（本醸造）
原材料名	脱脂加工大豆（【　　　】）（遺伝子組換えでない）、小麦、 食塩／アルコール
内容量	200ml
賞味期限	○○．○○．○○
保存方法	直射日光や高温多湿を避け、常温で保存してください。
製造者	(有)○○醸造 ○○県○○市○○町○○

①　国産　　　②　国内製造　　　③　アメリカ産　　　④　国内加工

196

問65 　容器包装の識別マークとその対象についての記述として、最も不適切なものを次の①〜④の中から１つ選びなさい。

①  　酒類を除く飲料用のアルミ缶

②  　紙製容器包装（アルミを使用していない飲料、酒類用紙パックと段ボールを除く）

③  　飲料、酒類用のスチール缶

④  　飲料、酒類、しょうゆ用等のペットボトルを除くプラスチック製容器包装

問66　次の文章の【　　　】の部分にあてはまる**最も適切な語句**を、
①〜④の中から１つ選びなさい。

このマークは、「おなかの調子を整える」「コレステロールが高め
の方に適する」など「許可を受けた表示内容」を表示することが
【　　　】に許可された「特定保健用食品」に付すことができる。

※出題にあたりマークの絵柄
を一部加工しています。

① 厚生労働大臣

② 農林水産大臣

③ 消費者庁長官

④ 公正取引委員会

次の問67～70の文章の【　　】の部分にあてはまる<u>最も適切な語句</u>を、それぞれ①～③の中から1つ選びなさい。

問67　食事バランスガイドでは、料理・食品を上から、主食、【　　】、主菜、牛乳・乳製品、果物の5グループに分類しており、上のグループほど多くの摂取が必要である。

　　　　①　副食　　　　　　②　副菜　　　　　　③　野菜

問68　2019年度の日本の食料自給率は、【　　】で約38%となっている。

　　　　①　食料の価格を用いる「生産額ベース」

　　　　②　食料の重量を用いる「重量ベース」

　　　　③　食料に含まれる熱量を用いる「カロリーベース」

問69　三大栄養素の1つである【　　】は主に皮膚・筋肉・血液・酵素・ホルモン等の、体の組織になる。

　　　　①　炭水化物

　　　　②　脂質

　　　　③　たんぱく質

問70　本来はまだ食べられるのに捨てられるものを【　　】といい、
　　　日本だけで年間約 500 万〜 800 万トンと試算されている。

① 食品ロス

② チャンスロス

③ 資源ごみ

問71 次のまあぼ豆腐の素の表示について、ア〜オの問いに答えなさい。

《前提条件》
- 気密性及び遮光性を有するプラスチックフィルムを袋状に成形した容器に入れ、熱溶融により密封し、加圧加熱殺菌しています。
- この商品は、豆腐を加えて調理することで、まあぼ豆腐を作ることができます。
- この商品は、着色料としてカラメル色素を使用しています。
- この商品の義務表示は、下記表示と栄養成分表示のみとします。

名称	まあぼ豆腐のもと
原材料名	鶏肉（国産）、野菜（ねぎ、にんにく、しょうが）、砂糖、しょうゆ（【 ア 】）、ごま油、豆板醤、オイスターソース、香辛料
添加物	調味料（アミノ酸等）、【 イ 】、香辛料抽出物、酸味料
		← 【 ウ 】
内容量	230g
賞味期限	○○．○○．○○
製造者	○○株式会社 ○○県○○市○○町○−○−○

- 本品は【 エ 】です。
- 調理方法
  熱したフライパンに本品を入れ、中火で1分ほど煮立たせる。
  豆腐を加え、中火で3分ほど煮込んだらできあがり。

【 オ 】

ア．【　ア　】にあてはまる最も適切なものを、次の①〜④の中から1
つ選びなさい。

① 一部に大豆・小麦を含む　　② 小麦・大豆由来

③ 大豆・小麦を含む　　　　　④ 小麦、大豆を含む

イ．【　イ　】にあてはまる最も適切なものを、次の①〜④の中から1
つ選びなさい。

① 着色料　　　② 着色料（黒色）

③ カラメル　　④ カラメル色素

ウ．【　ウ　】にあてはまる最も適切なものを、次の①〜④の中から1
つ選びなさい。

①	封入方法	パウチ加工により封入
②	殺菌方法	気密性容器に密封し、加圧加熱殺菌
③	殺菌方法	中火で1分ほど煮立たせてください。
④	使用上の注意	開封後はお早めにお召し上がりください。

エ． 【　エ　】にあてはまる最も適切なものを、次の①〜④の中から1
つ選びなさい。

　　① 　レトルトパウチ食品

　　② 　簡易レトルト食品

　　③ 　簡易調理食品

　　④ 　気密性パック食品

オ． 【　オ　】にあてはまる最も適切なものを、次の①〜④の中から1
つ選びなさい。

　　① 　殺菌済み

　　② 　中辛

　　③ 　2人前

　　④ 　中華料理の素

MEMO

食品表示検定試験〈初級〉

模擬問題の
正答と解説

問1．正答：④　　　　　　　　　　　　　　　　（配点：1点）

　食品には、それぞれ表示しなければならない事項が法令により定められており、表示の責任者である食品関連事業者は、これらに違反すると厳しい行政処分や罰則を受けることになります。

認定テキスト1－1

問2．正答：③　　　　　　　　　　　　　　　　（配点：1点）

　トレーサビリティ（traceability）とは、「trace（追跡）」と「ability（可能性、能力）」の2つの単語を組み合わせた言葉で、食品の移動の履歴を把握する可能性や能力を意味しています。トレーサビリティが確立していれば、食品の安全性に関わる事故や不適合が発生した際の原因の究明を容易にし、事業者の責任も明確になり、リスク管理手法として確立することができます。トレーサビリティで異物混入のような食品事故の未然防止はできませんが、撤去回収が容易となります。

認定テキスト1－5

問3．正答：③　　　　　　　　　　　　　　　　（配点：1点）

　容器包装された加工食品には消費期限又は賞味期限のどちらかを表示します。缶詰のように長期保管されるものには、「賞味期限」が記載されています。なお、製造年月日の表示は義務付けられていません。

認定テキスト1－1、3－7

問4．正答：①　　　　　　　　　　　　　　　　（配点：1点）

　生産者と食品製造業者、外食事業者、小売店などが契約を結んで直接取引するケースをはじめ、農産物直売所での販売、インターネットを通じて生産者から消費者が購入するなどの「市場外流通」は年々増加する傾向にあります。

認定テキスト1－4

問5．正答：④　　　　　　　　　　　　　　　　（配点：1点）

　ブランチングとは軽く加熱することであり、食品を加熱する工程を経たものは加工食品となります。野菜の冷凍処理ではよく利用される方法で、この処理をしたものは冷凍保管時に品質が劣化しにくくなります。

認定テキスト1－3

問6．正答：①　　　　　　　　　　　　　　　　（配点：1点）

　食品表示法は食品表示に関する法律の中心となりますが、その他「食品衛生法」「JAS法」「牛トレーサビリティ法」「米トレーサビリティ法」「酒類業組合法」「健康増進法」「景品表示法」「計量法」「薬機法」「資源有効利用促進法」の表示に係る内容のすべてを考慮した上で表示をしなくてはなりません。「資源有効利用促進法」による容器包装の識別マークは食品に限りませんが、対象となる容器包装には、消費者が容易に分別排出できるよう識別表示をしなければなりません。

認定テキスト1－2

問7．正答：①　　　　　　　　　　　　　　　　（配点：1点）

　国内産農産物の原産地は「国産」や「近畿」「関東」「中部」などの、都道府県より広域を表す表記は認められていません。都道府県名もしくは市町村名での表示か、一般的に知られている地名（旧国名、旧国名の別称、郡名等）で表示します。

認定テキスト2－1、2－2－1

問8．正答：③　　　　　　　　　　　　　　　　（配点：1点）

　国内で飼養された牛の肉は、牛の個体を識別するための10桁の個体識別番号が容器包装、又は店舗の見やすい位置に表示されていますが、次のものは個体識別番号表示の対象外となります。
〇国内で飼養されていない輸入牛肉
〇国内で飼養された牛でも、レバー等の内臓肉、舌（タン）、挽肉、複数の牛からなるこま切れ、切り落とし等

問9．正答：② (配点：1点)

　有機食品のJASには、「有機農産物」「有機畜産物」「有機加工食品」「有機藻類」と有機畜産物の飼料となる「有機飼料」が定められています。登録認証機関により認証を受けた「生産行程管理者」は、有機JASに基づき生産した農畜産物や加工食品に「有機○○」と表示すること、並びに有機JASマークを付けることができます。

　なお、「有機農産物」「有機畜産物」「有機農畜産物加工食品」に有機食品であることを表示して販売するときには有機JASマークを付けなければなりません。　　　　　　　認定テキスト2－5

問10．正答：② (配点：1点)

　「横断的義務表示」は、一般消費者向けに販売するすべての生鮮食品を対象に義務付けられており、生産者、卸売業者、輸入者、小売業者等、商品が一般消費者に販売されるまでのすべての関係者が対象となります。具体的には「名称」「原産地」「放射線を照射した食品の場合はその旨」「遺伝子組換え農産物である場合はその旨」「特定保健用食品や機能性表示食品にあってはそれぞれの必要事項」等が必要です。　　　　　　　認定テキスト2－1

問11．正答：③ (配点：1点)

　標準和名とは、生物の学名と一対一となるように調整した和名で、国内においては共通で使用されている統一した名称です。このほかに地域特有の名称があり、その名称が一般的に理解される地域であれば、地域特有の名称を使用することもできます。

　　　　　　　認定テキスト2－1

問12. 正答：③ (配点：1点)

鶏舎内を自由に動き回れるような環境で飼育するのが平飼飼育です。この環境で育った鶏が産んだ卵を「平飼卵」といいます。

認定テキスト2－3－2

問13. 正答：④ (配点：2点)

以下の8種類の用途で使用した添加物には物質名に用途名を併記する必要があります。

①甘味料②着色料③保存料④増粘剤・安定剤・ゲル化剤又は糊料⑤酸化防止剤⑥発色剤⑦漂白剤⑧防かび剤（防ばい剤）

防かび剤を使用した果物を容器包装に入れて販売する場合は、容器包装に「防かび剤（イマザリル）」等と表示します。

認定テキスト2－2－2、3－4

問14. 正答：③ (配点：2点)

魚介類の名称は、消費者庁「食品表示基準Q&A」の「魚介類の名称のガイドライン」に従い表示します。ガイドラインには法的強制力はないものの、その表示内容を消費者に正確でわかりやすく伝えるためのルールです。

認定テキスト2－4

問15. 正答：① (配点：2点)

食肉の公正競争規約に基づき、冷凍した状態で仕入れ、販売する食肉には、「冷凍」「フローズン」、それを解凍したものは「解凍品」等と表示します。なお、鶏肉の場合は、凍結品は「凍結品」、解凍品は「解凍品」と表示します。

認定テキスト2－3－1

問16. 正答：② (配点：1点)

国産の生鮮水産物の原産地については、水域名又は地域名（主たる養殖場が属する都道府県名をいう。）を表示します。「近海」「遠洋」等の表示は水域名の表示としては不適切です。

問17．正答：③ （配点：1点）

「牛」「豚」「牛肉」「豚肉」等と食肉の種類（畜種）を表示する必要があります。 認定テキスト2−3−1

問18．正答：② （配点：1点）

「関さば」はブランド名（商品名）であり、「魚介類の名称のガイドライン」により、生鮮水産物の名称として使用することはできません。 認定テキスト2−4

問19．正答：③ （配点：1点）

ドライマンゴーは生鮮食品ではなく、加工食品として取り扱われます。食品表示基準により加工食品に義務付けられた表示事項を容器包装に表示する必要があります。認定テキスト1−2、4−2

問20．正答：② （配点：1点）

輸入品の生鮮畜産物の原産地については、「アメリカ」等と生産された国名を表示します。州名等の一般に知られている地名を原産地として表示することはできません。 認定テキスト2−3−1

問21．正答：② （配点：2点）

カナダから輸入した冷凍原料を解凍し販売する場合、原産国として「カナダ」と表示します。 認定テキスト2−4

問22．正答：② （配点：2点）

精米には調製時期でなく、精米時期を表示します。玄米については調製時期を、精米時期も調製時期も不明な輸入品については輸入時期を表示します。 認定テキスト2−2−3

問23．正答：① (配点：2点)

　生鮮畜産物の原産地について、国産品は、「国産」「国内産」等、又は最も長く飼養した都道府県名、市町村名、その他一般に知られている地名を表示します。飼養した期間が岩手県より北海道のほうが長い場合、「岩手県産」と表示することはできません。

認定テキスト2－3－1

問24．正答：① (配点：2点)

　「無農薬」「無化学肥料」の表示は、消費者が一切の農薬を含まないとの間違ったイメージを抱きやすく、優良誤認を招くため、使用できません。農薬をまったく使用しない特別栽培農産物には、特別栽培農産物であることを表示して、その表示の一部として、「農薬：栽培期間中不使用」と表示します。

認定テキスト2－5

問25．正答：② (配点：2点)

　生食用の殻付き鶏卵については、保存方法として、10℃以下で保存することが望ましい旨を表示します。

認定テキスト2－3－2

問26．正答：③ (配点：1点)

　義務表示事項を、商品の見やすい場所に1か所にまとめて表示する方法を「別記様式」による表示といい、加工食品に表示する際の基本的な表示方法となります。

認定テキスト3－1

問27．正答：② (配点：1点)

　名称は、食品ごとの表示ルールに合わせて「名称」「品名」「品目」「種類別」「種類別名称」のいずれかの事項名で表示します。名称は商品名とは異なり、誰が見てもわかりやすい、その食品を的確に表す一般的な名称を表示することが原則です。

認定テキスト3－2

問28．正答：②　　　　　　　　　　　　　　　　　（配点：1点）

　原材料名は、原材料に占める重量の割合の高いものから順に、その最も一般的な名称で表示します。原材料名を重量順に表示するよう定めているのは、商品名やイメージから予想される使用量と大幅に異なることなどによる消費者の誤認や不利益を防止するためです。

　　　　　　　　　　　　　　　　　　　　　　　認定テキスト3−3−1

問29．正答：③　　　　　　　　　　　　　　　　　（配点：1点）

　鶏唐揚げに使用されている原材料は容易にわかるため、その中に含まれる原材料の表示を省略できます。フライ、天ぷら、ごま和え、煮物等、複合原材料の名称だけでは原材料が何かわからないものは、その原材料の表示を省略することはできません。

　　　　　　　　　　　　　　　　　　　　　　　認定テキスト3−3−1

問30．正答：①　　　　　　　　　　　　　　　　　（配点：1点）

　「特定原材料」とは、「症例が多い、症状が重篤で命に関わる症例がある」ものが分類されており、「そば」は症状が重篤で命に関わる症例があることから、特定原材料に含まれています。「大豆」「いか」については、表示が推奨されている「特定原材料に準ずるもの」に含まれています。

　　　　　　　　　　　　　　　　　　　　　　　認定テキスト3−3−2

問31．正答：①　　　　　　　　　　　　　　　　　（配点：1点）

　現在、我が国で使用が認められている添加物は「指定添加物」「既存添加物」「天然香料」「一般飲食物添加物」に分類されています。このうち、指定添加物とは、厚生労働大臣により指定され使用ができる添加物で、化学的合成品だけでなく天然のものも含まれます。

　　　　　　　　　　　　　　　　　　　　　　　認定テキスト3−4

問32. 正答：③　　　　　　　　　　　　　　　　（配点：1点）

　アスパルテームについては、物質名、用途名、L-フェニルアラニン化合物を含む旨を表示します。

　例：甘味料（アスパルテーム・L-フェニルアラニン化合物を含む）

　フェニルアラニンは必須アミノ酸の一種ですが、医学上このフェニルアラニンの摂取を制限されている消費者の保護のために表示が義務付けられています。　　　　認定テキスト3－1、3－4

問33. 正答：①　　　　　　　　　　　　　　　　（配点：1点）

　加工工程後も、組み換えられたDNA又はこれによって生じたたんぱく質が検出できる加工食品33食品群が遺伝子組換え食品の表示対象であり、コーンスターチはこれに含まれています。

認定テキスト3－3－3

問34. 正答：③　　　　　　　　　　　　　　　　（配点：1点）

　緑茶は、加工度が低く、原料となった生鮮食品の品質の差が製品の質に影響を及ぼすとして、以前から原料原産地表示の対象となっている加工食品22食品群に含まれています。なお、緑茶飲料についても、この22食品群に含まれています。

　一方、加工度の高いかまぼこや、コーヒー飲料については、従来定められていた22食品群には含まれません。ただし2017年（平成29年）9月1日に食品表示基準の一部が改正され、国内で製造されたすべての加工食品を対象として原料原産地表示が必要となりました。

　従来の22食品群と個別4品目は国別重量順に原料原産地表示を行います。なお、個別に原料原産地表示のルールがある4品目に、5つ目の品目として、おにぎりののりが追加されました。

認定テキスト3－5、4－22、4－26、資料編

模擬問題の正答と解説

問35. 正答：②　　　　　　　　　　　　　　　（配点：1点）

　容器包装に入れられた生鮮食品の食肉については、計量法の特定商品に該当するため内容量を重量（グラム又はキログラム）で表示します。　　　　　　　　　　　認定テキスト2-3-1、3-6

問36. 正答：②　　　　　　　　　　　　　　　（配点：1点）

　賞味期限は、食品の特性に応じ、設定された期限に対して1未満の係数をかけて、客観的な項目（指標）において得られた期限よりも短い期間を設定することが基本となります。この係数を安全係数といいます。

例：各種試験において30日は品質が保持できると確認した場合、
　　30日に安全係数0.8をかけて、賞味期間を24日と設定

認定テキスト3-7

問37. 正答：③　　　　　　　　　　　　　　　（配点：1点）

　「原産国」とは、加工や製造によりその商品の内容に"実質的な変更をもたらす行為を行った国"をいいます。食品表示基準では、輸入したすべての加工食品に「原産国名」を表示します。また、「輸入品」とは、次のものをいいます。

①容器包装され、そのままの形態で消費者に販売される商品（製品輸入）

②バルクの状態（包装されないバラの状態）で輸入されたものを、国内で小分けし容器包装した製品

③製品輸入されたものを、国内で詰め合わせした製品

④輸入された製品で、商品の内容について実質的な変更をもたらす行為（濃縮果汁を還元果汁まで希釈等）をしていない製品

認定テキスト3-9

問38. 正答：①　　　　　　　　　　　　　　　（配点：1点）

　2016年（平成28年）に新しい製造所固有記号の制度が施行さ

れました。この新しい制度では、同一製品を２つ以上の工場等で製造する場合、消費者庁のデータベースシステムで届け出ることで、製造所固有記号を使用することができます。届出の有効期間は５年間で、引き続き使用する場合は更新の手続きが必要となります。

認定テキスト３−10

問39．正答：② （配点：１点）

　食物繊維と飽和脂肪酸については、生活習慣病に関与しており、表示する必要性が高いとして「推奨項目」とされています。

認定テキスト３−11

問40．正答：① （配点：１点）

　たんぱく質や脂質等の栄養成分について、含有量が「０（ゼロ）」であっても、その表示項目を省略することはできません。「たんぱく質０ｇ」等と表示する必要があります。　認定テキスト３−11

問41．正答：③ （配点：１点）

　特定原材料等に関する「可能性表示」（入っているかもしれません。）は認められていません。コンタミネーションの防止策の徹底を図ってもなおコンタミネーションの可能性が排除できない場合については、「本品製造工場では卵を含む製品を生産しています。」等と注意喚起表示を行うことが推奨されています。

認定テキスト３−３−２

問42．正答：③ （配点：１点）

　賞味期限は「年月日」まで表示するのが原則ですが、製造から賞味期限までの期間が３か月を超えるものについては「年月」で表示することができます。ただし、賞味期限を月単位で表示した場合、その月の月末までが賞味期限となるため、2025年6月20日が賞味期限のものは、「2025.5」と表示します。

問43. 正答：③　　　　　　　　　　　　　　　　（配点：1点）

　一般的な製造方法であるのに、「全国唯一、当社独自……」と表示するのは、優良誤認にあたります。自己の供給する商品・サービスの取引において、その品質、規格その他の内容について、一般消費者に対し、

(1)実際のものよりも著しく優良であると示すもの

(2)事実に相違して競争関係にある事業者に係るものよりも著しく優良であると示すもの

であって、不当に顧客を誘引し、一般消費者による自主的かつ合理的な選択を阻害するおそれがあると認められる表示が優良誤認に該当します。　　　　　　　　　　　　　認定テキスト1－2、3－13

問44. 正答：①　　　　　　　　　　　　　　　　（配点：1点）

　栄養成分表示は、食品表示基準により、一般用加工食品及び一般用添加物に原則として義務化されました。業務用加工食品、生鮮食品及び業務用添加物については、任意とされています。

　　　　　　　　　　　　　　　　　　　　　　認定テキスト3－11

問45. 正答：②　　　　　　　　　　　　　　　　（配点：1点）

　保存料や酸化防止剤はその名の通り、食品の保存性を高めたり、酸化による品質の低下を防止したりするもので、食品の劣化を防ぐ目的で使用されます。着色料や漂白剤などが食品を美化する目的で使用されます。　　　　　　　　　　　　　　　認定テキスト3－4

問46. 正答：①　　　　　　　　　　　　　　　　（配点：1点）

　特定料理とは、「焼肉」「しゃぶしゃぶ」「すき焼き」「ステーキ」と政令で定められています。これらの料理を専門に提供する事業者を「特定料理提供業者」といい、この事業者が国内で飼養された牛の肉を使用した「特定料理」を提供する場合に、個体識別番

号の表示が必要となります。なお、ハンバーグやローストビーフ
等は特定料理に該当しません。 認定テキスト4－28－2

問47．正答：② （配点：1点）

ハムエッグには卵の代替表記（エッグ）を含みますので、アレルギー表示の拡大表記として認められています。

また、「卵白」及び「卵黄」は従前の基準では、卵の拡大表記とみなされていましたが、食品表示基準では患者の事故防止の観点から拡大表記から除外されました。 認定テキスト3－3－2

問48．正答：① （配点：1点）

常温で保存することのできるロングライフ牛乳等の牛乳や乳製品については、保存方法を省略することができません。保存方法として「常温を超えない温度で保存」等と表示するとともに、種類別名称欄に「牛乳（常温保存可能品）」のように表示します。

認定テキスト3－8、4－7

問49．正答：① （配点：1点）

「ミネラルウォーター」のように広く浸透した一般的な品名であって、一般消費者に対し栄養成分が添加された又は強化されたという印象や期待感を与えないものは、栄養表示に該当しません。

なお、「うす塩味」のように味覚に関する表示は、栄養表示に該当しませんが、「うす塩」の表示は栄養表示に該当します。

認定テキスト3－11

問50．正答：① （配点：1点）

複数の添加物を配合していることが多く、個々の成分を表示する必要性が低いと認められる膨張剤を含めた14種類については、一括名で表示することができます。発色剤、甘味料、ゲル化剤等は、物質名に用途名を併記しなければならない添加物です。

問51．正答：②　　　　　　　　　　　　　　　　（配点：1点）

　「黒糖」は「砂糖」の一種であり、「黒糖」という名称が一般的名称として定着していることから、特色のある原材料の表示には該当しません。該当するものの例としては、特定の原産地のもの、有機、非遺伝子組換え、特別な栽培方法、品種、銘柄、ブランド、商品名等があります。　　　　　　　　　　　　　　　認定テキスト3－12

問52．正答：③　　　　　　　　　　　　　　　　（配点：1点）

　遺伝子組換え食品の義務表示の対象となっている農産物は、大豆、とうもろこし、ばれいしょ、なたね、綿実、アルファルファ、てん菜、パパイヤ、からしなの9種類です。小麦については、アレルギー表示で必ず表示しなければならない特定原材料の1つですが、遺伝子組換え食品として国内で安全性が認められた9農作物には該当しません。　　　　　　　　　　　　　認定テキスト3－3－3

問53．正答：②　　　　　　　　　　　　　　　　（配点：2点）

　計量法の特定商品の1つである食用植物油脂の内容量は、グラム又はキログラムの単位で表示します。食用油はしょうゆ等と異なり、温度による体積の変化が大きいため、液状ですがミリリットル（体積）ではなくグラム（重量）で表示するよう定められています。　　　　　　　　　　　　　　　　　　　　認定テキスト4－17

問54．正答：②　　　　　　　　　　　　　　　　（配点：2点）

　合挽肉は原料原産地に関する従来の個別のルールがある22の加工食品の1つです。国内で挽肉にして混合した食肉は、重量の割合が50％以上である食肉の原産地を国別重量順に表示します。この場合、国産品については国産である旨、外国産の食肉の場合はその原産地の国名を表示することになります。（テキサス州な

ど一般に知られた地名であっても原料原産地名としては使用でき
ません。)

　この場合、対象原材料である牛肉の原産地について表示してい
ることがわかるように、原料原産地名欄に「米国産（牛肉）」の
ように表示するか、原材料名の牛肉の後ろに括弧書きで原産地を
表示します。

　なお、任意で牛肉と豚肉の両方の原料原産地を表示することも
できますが、その際もその産地がどの原材料の産地であるかが明
確になるよう原材料に対応させて表示します。

認定テキスト3-5、4-1、資料編

問55．正答：③ （配点：2点）

　食品関連事業者のうち、表示内容に責任を持つ者の事項名は、
「製造者」「加工者」「輸入者」「販売者」のうち、事業者の行って
いる行為に応じて表示します。表示を行う者が製造業者の場合は、
「販売者」ではなく、「製造者」と表示します。

　製造を行った者の名称と住所が「製造者」と同一の場合、「製
造所」を別途表示する必要はありません。　　認定テキスト3-10

問56．正答：② （配点：2点）

　遺伝子組換え大豆を使用した場合は、「大豆（遺伝子組換え）」
と表示します。遺伝子組換えの大豆、とうもろこし、ばれいしょ、
なたね、綿実、アルファルファ、てん菜、パパイヤ、からしなを
使用した33の加工食品群について、遺伝子組換えである旨の表
示が義務表示となります。ただし、遺伝子組換えの上記原材料が、
食品の原材料に占める重量の割合が上位3位までのもので、かつ
原材料及び添加物の重量に占める割合が5％以上のものに表示義
務があり、この条件に該当しなければ遺伝子組換え食品の表示を
省略することができます。　　　　　　　認定テキスト3-3-3

問57. 正答：①　　　　　　　　　　　　　　　　（配点：2点）

　食肉製品は食品衛生法による4つの区分があり、その「区分」と区分に応じた区分別表示事項を表示します。「乾燥食肉製品（例：サラミソーセージ）」「非加熱食肉製品（例：生ハム）」「特定加熱食肉製品（例：ローストビーフ）」そしてこれら以外の「加熱食肉製品」の4つの区分です。

　ポークソーセージ（ウインナー）は加熱食肉製品に分類されます。　　　　　　　　　　　　　　　　　　　　　認定テキスト4－5

問58. 正答：②　　　　　　　　　　　　　　　　（配点：2点）

　米菓は米トレーサビリティ法の対象となるため、うるち米の産地を表示します。なお、米トレーサビリティ法により、使用した米穀の産地を表示すれば、食品表示基準による原料原産地の表示義務を果たしていることになります。　認定テキスト1－4、4－21

関連情報　③について、遺伝子組換えとして表示対象ではない食品に「遺伝子組換えでない」との表示は、食品表示基準第9条において表示禁止事項にあたるとされており、表示できません。　出所：食品表示基準Q&A

問59. 正答：④　　　　　　　　　　　　　　　　（配点：2点）

　特定原材料の「乳」は「乳成分を含む」と表示します。これは、「乳を含む」「乳製品を含む」と表示すると、乳等省令で定義する「乳」や「乳製品」そのものを用いていると誤認されるおそれがあるためです。

　ただし、添加物の場合には、「乳成分由来」ではなく「乳由来」と表示します。　　　　　　　　　　　　　　認定テキスト3－3－2

問60. 正答：①　　　　　　　　　　　　　　　　（配点：2点）

　缶詰は外から中身を確認できないため、「形状」や「大きさ」等を表示します。2つ割りのももについては、「果肉の大きさ」

を表示します。

その他事項名：たけのこの「大きさ」・アスパラガスの「基部の太さ」・グリーンピース、マッシュルーム等の「粒の大きさ」・さくらんぼ等の「果粒の大きさ」・輪切りパイナップル等の「内容個数」

認定テキスト4－19

問61．正答：③ （配点：2点）

切り欠きを行うことができるのは、種類別名称が「牛乳」の製品のみです。切り欠きは、視覚に障害のある方が容易に牛乳を識別することができるようにするためのもので、注ぎ口の反対側と決められています。

認定テキスト4－7

問62．正答：② （配点：2点）

食用油脂に水を加えて乳化したもので、油脂の含有率が80％以上のものを「マーガリン」、80％未満のものを「ファットスプレッド」といいます。ファットスプレッドは、「油脂含有率」を重量百分率（パーセント）で表示します。なお、ファットスプレッドには、チョコレートや果実などの風味原料を加えることができますが、風味原料の原材料に占める重量の割合は油脂含有率を上回ることはできません。

認定テキスト4－14

問63．正答：③ （配点：2点）

ポリエチレン製の容器に入れられた飲料水は、品質の変化が極めて少ないため、期限表示の省略が認められています。

認定テキスト3－7

問64．正答：② （配点：2点）

原料原産地表示の対象原材料が脱脂加工大豆のような加工食品（中間加工原材料）である場合、原則として、当該中間加工原材料の製造地を「○○製造」と表示します。

認定テキスト3－5

問65．正答：① （配点：1点）

①のマークは、「酒類を含む飲料用のアルミ缶」のマークです。容器包装の種類を識別するためのマークについては資源有効利用促進法に基づいて、食品製造業者等に表示が義務付けられています。なお、容器包装の識別マークは食品に限らず日用品等すべての商品に共通のものです。
認定テキスト5－4

問66．正答：③ （配点：1点）

特定保健用食品は、その食品に表示される効果や安全性について国が審査を行い、食品ごとに消費者庁長官が許可しています。
認定テキスト5－1

問67．正答：② （配点：1点）

食事バランスガイドでは、食品を主食（ごはん、パン）、副菜（野菜、きのこ、いも、海藻料理）、主菜（肉、魚、卵、大豆料理）、牛乳・乳製品、果物の5グループに分類しています。そして、どのグループの食品をどれくらい摂取するべきかコントロールする目安として、「コマ」をイメージしたイラストで表しています。
認定テキスト6－2

問68．正答：③ （配点：1点）

食料自給率とは、その国で消費される食料がどのくらい国内で生産されているかを示す指標です。食料全体を総合的に計算するには、食料の価格を用いる生産額ベース、又は食料に含まれる熱量を用いるカロリーベースで算出します。2019年度（令和元年度）の日本の食料自給率は、カロリーベースでは38％、生産額ベースで66％となっています。
認定テキスト6－3

問69．正答：③ （配点：1点）

三大栄養素は「たんぱく質」「脂質」「炭水化物」をいい、たん

ぱく質は皮膚・筋肉・血液・酵素・ホルモン等、体の組織になります。脂質は脂肪酸に分解され、エネルギー源となるばかりでなく、ステロイドホルモンの原料や細胞膜の構成成分になったり、脂溶性ビタミンの吸収を促すなどの働きをします。また、炭水化物は糖質と食物繊維で構成され、糖質はブドウ糖に分解され、脳や体のエネルギー源となり、食物繊維は腸内環境の改善に役立つ働きをします。　　　　　　　　　　　　　　認定テキスト6−1

問70. 正答：①　　　　　　　　　　　（配点：1点）

　食品廃棄物には、加工食品の製造段階で分別される不可食部分（除去された皮や骨、絞りかすなど）のほか、食品として流通してからの売れ残り、外食店での調理くずや食べ残し、家庭での調理くずや食べ切れないものなどが含まれます。食品ロスとは、この食品廃棄物のうち可食部分と考えられる部分をいいます。

認定テキスト6−3

問71. ア. 正答：③　　　　　　　　　　（配点：2点）

　中間加工原材料の原材料に特定原材料等が含まれている場合は、原則、その原材料名の直後に括弧を付して、「（○○を含む）」と表示します。また、2つ以上の特定原材料等が含まれている場合、「（○○・○○を含む）」のように、「・（ナカグロ）」でつなげて表示します。　　　　　　　　　　　　　認定テキスト3−3−2

問71. イ. 正答：④　　　　　　　　　　（配点：2点）

　着色料は、物質名に用途名を併記しなければならない添加物ですが、表示する物質名に「色」の文字があれば、用途名である「着色料」の併記を省略することができます。　　　認定テキスト3−4

問71. ウ. 正答：②　　　　　　　　　　（配点：2点）

　レトルトパウチ食品は、殺菌方法として、「気密性容器に密封し、

加圧加熱殺菌」と表示します。
認定テキスト4−18

問71．エ．正答：①　　　　　　　　　　　（配点：2点）

　プラスチックフィルムもしくは金属はく又はこれらを多層に合わせたものを袋状その他の形状に成形した容器（気密性及び遮光性を有するものに限る。）に調製した食品を詰め、熱溶融により密封し、加圧加熱殺菌したものをレトルトパウチ食品といい、レトルトパウチ食品に該当する食品はその旨を表示します。
認定テキスト4−18

問71．オ．正答：③　　　　　　　　　　　（配点：2点）

　別記様式の内容量の記載とは別に、容器包装の見やすい箇所に「○人前」と表示します。なお、温めるだけで調理しないものについては表示を省略できます。
認定テキスト4−18

MEMO

[編著者]

一般社団法人 食品表示検定協会

● 設立目的
　一般社団法人 食品表示検定協会は、食品表示に関する能力検定制度を通じて
食品表示に関する知識の普及・啓発を行うとともに、食品表示に関する知識を有
する人材の育成、資質の向上等に関する事業を行うことにより、消費者の健全な
食生活の実現並びに食品関連事業者の信頼確保及び業務の円滑化を図ることを目
的とします。

● 設立日
　2009年3月17日

一般社団法人 食品表示検定協会
〒103-0004　東京都中央区東日本橋3丁目12−2　清和ビル5階
https://www.shokuhyoji.jp

[協力]

株式会社BMLフード・サイエンス

食品表示グループ　責任者　佐藤直樹
〒161-0031　東京都新宿区西落合2−12−14
URL：https://www.bfss.co.jp/

ご質問について

本書についてのご意見・ご質問は、下記の宛先までメールにてお送りください。お
電話によるお問い合わせ、及び本書に記載されている内容以外のご質問にはお答え
いたしかねますので、あらかじめご了承ください。

宛先

株式会社ダイヤモンド・リテイルメディア
「食品表示検定・初級問題集」係
E-MAIL：info-shokuhinhyoji@diamond-rm.co.jp

個別の商品に関することは、お近くの保健所や消費者庁（食品表示規格課）にお問
い合わせください。

消費者庁：03-3507-8800（代表番号）

改訂版　食品表示検定 初級・問題集

2023年 3 月14日　改訂版第1刷発行
2024年 8 月26日　改訂版第2刷発行

編著者―――――一般社団法人 食品表示検定協会
発　　売―――――ダイヤモンド社
　　　　　　　〒150-8409　東京都渋谷区神宮前 6-12-17
　　　　　　　電話／03・5778・7240（販売）
発　　行―――――ダイヤモンド・リテイルメディア
　　　　　　　〒101-0051　東京都千代田区神田神保町1-6-1 タキイ東京ビル
　　　　　　　電話／03・5259・5940（編集）
協　　力―――――株式会社BMLフード・サイエンス
デザイン―――――石澤デザイン
製作・印刷・製本―ダイヤモンド・グラフィック社
編集協力―――――奥島俊輔、長谷惠利子（一般社団法人 食品表示検定協会）
編集担当―――――山本純子